장콩선생의

박물관 속에 숨어 있는

우리 문화 이야기

장콩선생의
박물관 속에 숨어 있는
우리 문화 이야기

◉ 옛 그림편 ◉

장콩선생 지음

살림

우리 문화유산 속으로 역사여행을 떠나요!

안녕하세요.

솔향기 그윽한 계절에 우리 선인네들의 삶과 예술 혼을 엿볼 수 있는 문화유산을 이해하기 쉽게 소개한 책, 『박물관 속에 숨어 있는 우리 문화 이야기』를 세상에 내보냅니다. 인간적인 감동과 서정적인 아름다움이 배어 있는 문화유산과의 만남은 역사 읽기의 또 다른 재미를 안겨줄 것입니다.

『외우지 않아도 저절로 이해되는 우리 역사 이야기』를 출간한 이후, 청소년들의 눈높이에 맞춘 쉽고 재미있는 역사책이 나왔다는 평가에 지은이로서 무척 고맙고 행복했습니다. 시중에 다양한 역사책이 나와 있지만, 청소년들이 끝까지 흥미를 가지고 읽기에는 무리라는 생각에서 쓴 책이었는데, 쉽고 재미있었다는 청소년 독자들의 반응에 저는 안도의 한숨을 내쉴 수 있었답니다.

이번에 발간하는 『박물관 속에 숨어 있는 우리 문화 이야기』도 『우리 역사 이야기』와 비슷한 의도에서 엮었습니다. 학교에서 우리 역사는 초등학교 5학년부터 배우기 시작하지만, 초·중·고등학교 모두 역사 교과서가 정치사 위주로 되어 있고 서술체제가 딱딱합니다. 이런 이유로 역사에 관심이 지대한 학생이 아닌 이상 역사 공부의 진정한 맛을 느끼지 못하고 역사에서 멀어져 버립니다. 그러다보니 조금만 깊게 이해하면, 쉬우면서도 재미있게 공부할 수 있는 문화사마저도 정치사의 편중과 딱딱함으로 인해 흥미가 반감되어, 시험에 잘 나오는 유물의 이름이나 교사가 설명해준 특징들만 줄줄 외우고 맙니다. 그러나 우리 문화유산의 진정한 맛을 느끼려면, 자신의 눈으로 유물을 보는 안목을 가져야 합니다. 그리고 학교 현장에서도 학생 자신의 눈으로 문화유산을 보는 안목을 길러주는 방향으로 문화사 교육이 이루어져야 합니다.

이 책은 그래서 쉬우면서도 우리 문화유산에 대한 지식과 안목을 기르는 데 주안점을 두고 엮었습니다. 중학교 2학년인 참치(동원)와 초등학교 4학년인 늘보거북(치원)이가 아빠인 장콩선생(장용준)과 우리 선인네들의 숨결이 느껴지는 유물들을 가지고 책 속에서 노닥거립니다. 책을 읽다가 함께 노닥거리고 싶으면 언제든지 대화에 끼어드십시오. 그러면 자연스럽게 우리 문화유산을 보는 눈이 생길 겁니다.

이 책 또한 쉽게 쓰려고 노력했습니다. 그러나 아무리 쉽게 쓰려 해도 제 역량 부족으로 어렵게 써진 부분(특히 한자어)이 있습니다. 그런 부분들은 한자를 붙여 놓거나 해설을 달아 놨으니, 참고하시기 바랍니다. 특히 이해하기 어려운 한자어는 국어사전에서 해당 단어를 찾아 이해하고 넘어가시기 바랍니다. 그것 또한 큰 공부가 될 겁니다.

이 책의 수준은 중학교 학생이면 편히 읽을 수 있을 정도입니다. 그러나 초등학교 사회교과서부터 고등학교 국사교과서까지 심층 분석을 한 후, 초·중·고 학생들이 학교에서 문화사 수업을 할 때 공통적으로 필요하다고 느낀 유물들을 가지고 대화를 나누었기에 초등학생부터 중·고등학생 모두가 문화사 공부를 할 때 도움을 받을 수 있을 겁니다. 아울러 우리 문화유산을 알고 싶은데, 시중에 나온 책들의 수준이 너무 높아서 쉽게 접하지 못한 학부모들도 염두에 두고 글을 써나갔습니다. 특히 초등학생 자녀를 둔 학부모님들께 적극 권해드리고 싶습니다. 저녁 식사 후에 책 속의 유물 사진을 식탁 위에 펼쳐 놓고 자녀들과 세상 이야기도 하면서 대화를 나누셨으면 합니다. 그리고 그 유물이 있는 곳으로 여행을 가서, 실물을 보면서 문화유산을 보는 안목을 자녀들에게 길러주었으면 좋겠습니다.

책 속의 유물들과 대화를 나누면서 궁금하신 사항이 있으면, 언제든 제 블로그를 방문하여 흔적 남겨주십시오. 크게 환영하면서 질문에 응하겠습니다. 네이버 블로그에 제 집이 있습니다. 집 이름은 「장콩선생의 삶과 꿈(http://blog.naver.com/jangkong2)」입니다. 그러나 저 또한 문화재 전문가가 아니기에 큰 도움은 드릴 수 없습니다. 그래서 책 말미에 제가 글을 쓰면서 도움 받은 책들을 수록해 놓았습니다. 참고하시기 바랍니다.

사실 이 책의 글은 여러 연구자분의 연구 성과물과 기존 역사 교양물 중의 일부를 학생들이 알기 쉽게 정리해 놓은 것에 불과합니다. 그래서 책을 내면서도 참조했던 책을 쓰신 저자분들께 누가 되지 않을까 염려됩니다. 그러나 그분들도 우리 문화를 좀 더 이해하기 쉽게 소개해서, 우리 학생들이 문화를 보는 안목을 가질 수 있도록 해야겠다는 제 진심은 헤아려주시리라 믿습니다.

세상에 책을 내보내면서 고마움을 표해야 할 분들이 계십니다.
제게 역사교사로서의 자부심과 정체성을 갖게 해준 전국역사교사모임과 전남역사교사모임의 선생님들께 감사드립니다. 함께 호흡하면서 자극을 주는 선생님들이 계시기에 저 또한 자그마한 성과물들을 엮어갑니다. 항상 고맙습니다.
글을 쓰도록 많이 독려해주신 살림출판사의 배주영 팀장님과 이 책을 아름답게 꾸며주신 방상호 팀장님, 김경주 님께도 큰 고마움을 전합니다.

마지막으로 이 책이 만들어지기까지 우리 문화유산과 꾸준히 대화하면서 아빠의 글쓰기에 아이디어를 제공해준 참치와 늘보거북이에게도 진심으로 고맙다고, 사랑한다고 전합니다. 이 책은 어쩌면 두 아이의 작품입니다. 그리고 언제나 뒷전에서 조용히 지켜보면서 꾸준히 격려해준 아내 경희에게도 고맙고 또 고맙다고 감사인사 전합니다.

아무쪼록 이 책을 통해서 우리 선인네들과 흠뻑 대화 나누면서 문화유산을 보는 안목을 길러 가시기 바랍니다.

함께할 수 있어서 행복합니다.
행복하세요.

2006년 6월 우산서실(愚山書室)에서

장콩선생 장용준

차례

2부 옛 그림 속의 멋과 향기

1부

보는 기쁨 읽는 즐거움
우리 옛 그림

선사시대 사람들의 꿈이 그려진
반구대 바위그림

장콩선생 우리는 '역사'라는 거울을 통해서 이 땅을 가꾸어온 조상님들의 삶과 지혜를 배우고 익히며, 우리 민족 고유의 전통과 문화를 살찌워왔단다. 선조들의 혼이 올올이 배어 있는 민족 문화유산은 우리 문화의 현재를 있게 한 결정체로서, 그 속에는 우리 민족의 삶과 정신이 고스란히 담겨 있기에 잘 가꾸고 지켜야 할 소중한 보물이란다.

그런데 문제는 '아는 것만큼 보인다'고 내가 알지 않고서는 아름답고 정겹기만 한 우리 문화유산을 보존할 수도, 후손들에게 자랑스럽게 대물림해줄 수도 없단다. 따라서 오늘부터는 우리 선조들의 애환이 담긴 자랑스런 문화유산들을 하나

하나 살펴보면서 우리 문화의 아름다움과 정체성(正體性)을 몸소 느껴보자구나. 자! 준비됐지?

그럼, 출발한다. 출 발 ~~~

장콩선생 오늘은 첫날이니 아주 먼 옛 조상이 남긴 그림 한 점을 가지고 이야기를 해보자구나.

반구대 바위그림에 대해 들어본 적 있니?

참 치 예, 있어요. 청동기시대 사람들이 바위에 그려 놓은 그림이에요. 책에서 봤어요.

장콩선생 꼭 집어 청동기시대에 만들어졌다고는 할 수 없단다. 그 이유는 바위그림은 매장 문화재(埋藏文化財)와는 달리 만들어진 시기를 추정할 수 있는 방법이 거의 없기 때문이란다. 물론 바위그림이 있는 주변에서 그림을 제작했던 사람들의 흔적이 발견되면, 정확한 연대도 측정할 수 있겠지. 그러나 오늘 감상하는 반구대 바위그림의 경우는 주변지역에서 연대 측정을 가능케 하는 유물(遺物)이나 유적(遺跡)이 나오지 않고 있기에 정확하게 연대를 측정할 수 없단다.

그럼 그림을 보면서 이야기를 진행하자구나.

◆매장 문화재_ 땅 속에 묻혀 있는 문화재. 토양이나 지질 구조, 문화재의 특징 등으로 대부분 연대 추정이 가능하다.

반구대 바위그림(국보 285호)_ 신석기~청동기시대, 높이 3m, 너비 10m, 울산광역시 울주군 언양읍 대곡리 소재, 장용준 사진. 선사시대 사람들의 일상생활과 동물들의 모습을 특징을 살려 실감나게 묘사하였다.

학자들은 이 바위그림을 신석기시대에서 청동기시대 사이에 만들어진 것으로 폭넓게 추정하고 있단다.

바위그림은 한자로 '바위 암(岩), 새길 각(刻), 그림 화(畵)'를 써서 암각화(岩刻畵)라고 하는데, 바위 위에 다양한 기술로 그려진 모든 그림을 통틀어 바위그림 또는 암각화라고 한단다. 지금까지 연구된 결과에 의하면 바위그림은 '전 세계 거의 모든 지역에 나타나는 인간의 가장 오래된 예술 행위의 일종'으로 구석기시대 동굴에 거주했던 사람들도 동굴 벽에 그림을 그렸단다. 중학교 1학년 사회책에 나와 있는 프랑스 라스코에 있는 동굴벽화도 구석기시대 사람들이 남긴 바위그림이란다. 옆면의 그림이 바로 라스코 동굴벽화란다.

자, 그럼 반구대 바위그림 속으로 들어가보자. 반구대 바위그림을 유심히 살펴보렴.

늘보거북 와~ 여러 동물이 그려져 있네요. 아빠! 어떤 동물들인지 설명해주세요.

장콩선생 우선 너희들이 알 수 있는 동물들을 말해보렴.

🦌 라스코의 동굴벽화 _
구석기 후기, 프랑스 도르도뉴현의 몽티냐크 마을 소재. 2m가 넘는 천장, 1200여 m의 길이에 200여 마리의 말, 소, 사슴 등의 동물이 매우 역동적으로 그려져 있다. 사진은 사람들의 사냥으로 부상을 당해 내장이 흘러나온 들소의 그림이다.

늘보거북 고래, 거북이, 사슴이 보이네요.

참   치 호랑이와 사람도 보이는데요. 숨은그림찾기 하는 것 같아요.

장콩선생 그래, 잘 찾는구나. 반구대 바위그림 속에는 고래를 비롯해서

거북이, 물개, 호랑이, 사슴, 멧돼지 등이 높이 3m, 폭 10m

정도 되는 바위 위에 200여 점 정도 그려져 있단다.

사람은 모두 14점이 확인되었는데, 가면을 쓴 사람·망을 보

고 있는 사람을 비롯해서 배를 타고 고래를 잡는 사람의 모습

까지 다양한 형태로 새겨져 있단다.

참　치 그런데, 아빠! 이 그림이 왜 유명해요?

장콩선생 이 바위그림에는 그림을 그렸던 당시 사람들의 생활상이 구체적으로 표현되어 있어서, 당시 사람들의 생활 모습이나 종교관을 추정(推定)할 수 있기 때문이란다. 그리고 그림 하나하나가 사실적이면서도 생동감 있단다.

우선 반구대 바위그림에서 가장 많이 등장하여 주인공으로 인정되고 있는 고래를 가지고 이 바위그림의 진가(眞價)를 알아보자. 다양한 고래 그림에 혀가 내둘러진단다.

다음의 사진들은 KBS「역사스페셜」에서 방송한 "3,000년 전의 고래 사냥 － 울주 암각화의 비밀"에서 캡처한 것이란다. 왼쪽은 바위그림 속의 고래이고 오른쪽은 실제 고래의 모습이지. 우리나라 동해안에서 볼 수 있는 고래는 10종 정도인데, 바위그림 속의 고래들을 유심히 관찰해보면 놀랍게도 이 고래가 무슨 종류인지를 고래도감에서 확인할 수 있단다. 그만큼 사실적이고 구체적으로 그려졌다는 거지.

예를 들어 긴수염고래는 숨을 내쉴 때 V형
으로 물을 뿜어내는데, 그림 속에 그 모습
이 그대로 들어 있단다.
바위그림 속 고래와 실제 고래를 비교해
보렴. 그렇지 않니?

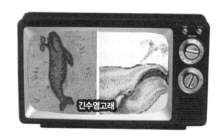

범고래는 배의 반쪽이 흰색인데 바위그
림에 그와 비슷한 고래가 보인단다.

입이 옆으로 길게 찢어진 귀신고래, 얼굴
부위가 뭉뚝한 향유고래도 그 특징에 맞
게 그려 놓아 지금 보아도 '아! 이건 00고
래구나' 하고 바로 알 수 있을 정도로 사
실적으로 새겨 놓았단다.

반구대 바위그림 속
의 고래들 _ KBS
「역사스페셜」 캡처.
바위그림에 다양한
고래가 그려져 있음
을 알 수 있다.

그럼 여기서 퀴즈를 하나 낼게 맞혀보렴.

다음에 나오는 고래는 무슨 고래일까요? 물론 반구대 바위그
림의 일부분이란다. 아래 보기에서 골라보세요. 맞히면 상이
있습니다. 상품은 각자 집에 있는 밥상이니까, 꼭 맞혀서 식
사 때 쓰도록 하세요.

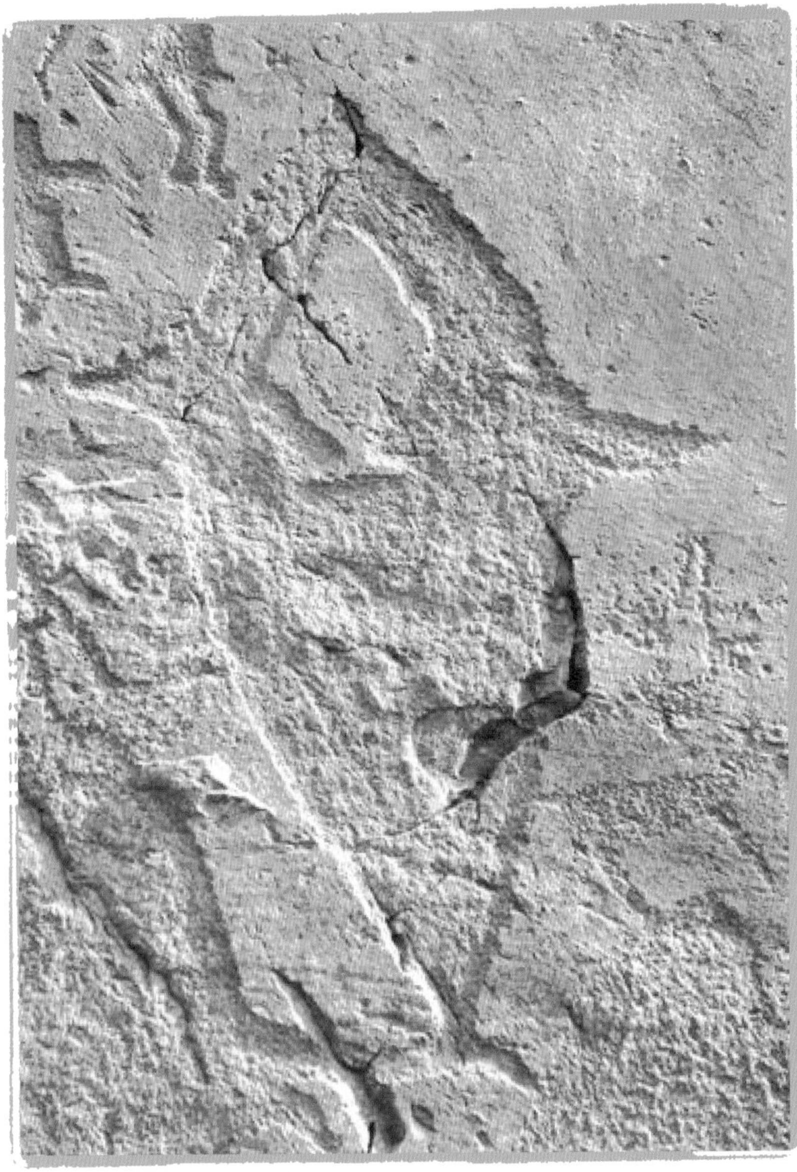

반구대 바위그림 부분

보기	① 귀신고래 ② 돌고래 ③ 범고래 ④ 향유고래

참   치   잘 모르겠어요.

늘보거북   저도 모르겠어요. 그냥 물고기 같은걸요.

장콩선생   에헴, 그럼 내가 가르쳐줄 테니 잘 듣거라. 이 고래는 귀신고
래란다.

늘보거북   에이~ 아빠가 고래 전문가도 아닌데, 그걸 어떻게 알아요.

장콩선생   전문가는 아니지만, 이 고래를 그린 사람이 워낙 알기 쉽게 자세
히 그려 놨기에 '딱 보면 척' 이란다. 고래를 유심히 살펴보렴.
큰 고래 위에 새끼 고래가 양각(陽刻)되어 있지. 이걸 보고 귀
신고래라고 단정(斷定)할 수 있단다. 귀신고래는 새끼가 태어
나면 항상 등에 업고 다닌단다. 새끼가 30초 이상 물 속에 있
지 못하기 때문에 수면 위로 떠올라 호흡을 시키기 위해서지.

참   치   그것 참 대단하네요. 어떻게 고래의 습성까지 알아 저렇게 자
세히 표현해 놨을까요?

장콩선생   그 질문에 대답하기 전에 문제를 하나 더 낼 테니, 맞혀보렴.
이번 걸 맞히면 참치 네 궁금증은 자연스럽게 해결될 거다.

◆양각_ 그림이나 문자
따위를 도드라지게 새기
는 것. 돋을새김.

참 치 좋아요. 얼른 내주세요.

장콩선생 "반구대 바위그림을 그린 사람들은 서로 협동하여 고래를
잡아먹고 살았다." 맞는다고 생각하면 'O', 틀리면 '×' 하
시오.

늘보거북 저는 '×'요. 지금도 잡기 어려운 고래를 당시 사람들이 어떻
게 잡았겠어요. 마땅한 도구도 없었을 텐데요.

참 치 저는 'O'요. 당시에 고래 사냥을 했으니까 그림에도 있겠지요.

장콩선생 참치 승리. 당시 사람들은 고래 사냥을 분명히 했단다. 이것
역시 바위그림을 통해서 알 수 있단다. 다음 그림을 보렴.
사진을 보면 알겠지만, 바위그림에는 고래에 접근하고 있는
배와 작살을 꽂고 있는 사람, 작살 맞은 고래들이 새겨져 있
단다. 이것을 통해서 반구대 바위그림을 그린 사람들이 분명
고래를 잡아먹고 살았다는 것을 알 수 있지.
또한 바위그림에 고래가 많이 그려진 걸로 보아서 고래는 당
시 사람들이 즐겨먹는 어종(魚種)이었고, 그렇다면 당시 사람
들은 바위그림에 나타난 정도의 고래의 습성이나 특징은 알
고 있었다고 봐도 무방하겠지.

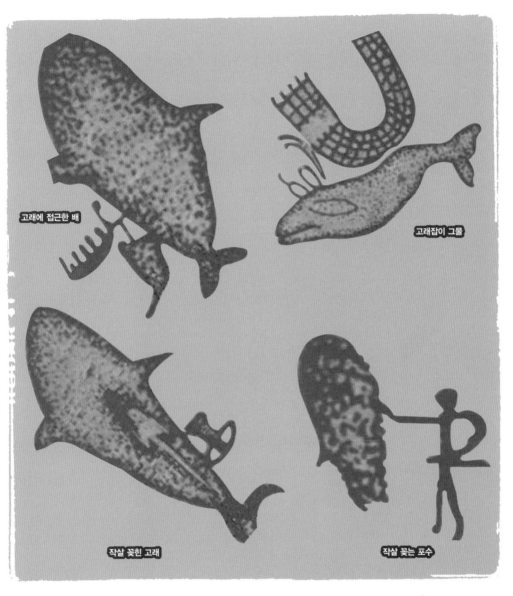

고래에 접근한 배

고래잡이 그물

작살 꽂힌 고래

작살 꽂는 포수

이 외에도 반구대 바위그림에는 다양한 동물이 새겨져 있단다.

다음에 나오는 그림을 보면 좀더 자세히 알 수 있단다.

반구대 바위그림 속의 고래 사냥 모습들_ KBS 「역사스페셜」 캡처. 바위그림에는 당시 사람들의 고래 사냥 모습이 생생히 담겨 있다.

그래픽 처리된 반구대 바위그림_ 장생포 고래박물관(울산광역시) 소장. 반구대 바위그림을 컴퓨터로 그래픽 처리한 것으로 고래뿐만 아니라 멧돼지, 사슴 등의 육상동물과 사람의 모습이 보인다.

앞의 그림은 반구대 바위그림을 컴퓨터로 그래픽 처리해 놓은 것이란다. 꼼꼼하게 살펴보면 고래 이외에도 호랑이, 멧돼지, 사슴 등과 같은 육상 동물과 사람이 보일 거다.

고래와 같은 바다 동물들은 주로 면 전체를 파낸 '면새김 기법'으로 새겼고, 육상 동물들은 면새김으로 된 것도 있지만 대부분 바위면을 날카로운 도구를 이용하여 선으로 새긴 '선새김 기법'으로 그렸단다.

면새김과 선새김이 겹쳐 있는 경우도 발견되는데, 이러한 것은 면새김으로 그린 그림 위에 선새김으로 다시 그림을 그렸음을 알 수 있단다. 이것은 이 바위그림을 그린 집단이 대를 이어가며 장기간 이곳을 이용하면서 지속적으로 그림을 그려 나갔다는 추정을 가능하게 한단다. 그게 아니라면 물고기 잡이를 주로 했던 집단이 먼저 이곳에서 살고, 이후에 육지 동물을 사냥하며 살았던 사람들이 이곳에 정착하여 살았음을 추정하게 해주기도 한단다.

참　치 아빠! 당시 사람들은 무엇 때문에 힘들여서 바위에 이런 그림들을 새겼을까요?

장콩선생 아주 좋은 질문이구나. 요즘은 그림이 '감상을 하기 위한 예술 작품'이지만 선사시대 사람들이 바위에 그림을 새긴 것은 감상용이 아니란다. 자신들이 간절히 바라는 무언가가 이루어지기를 비는 마음에서 새긴 것이란다.

그렇게 생각한다면 반구대 바위그림을 그린 사람들은 사냥감을 많이 잡아 배부르게 먹는 것이 큰 소망이었단다. 고래와 사슴 같은 사냥감들이 더욱 많이 번성하고 사냥이 잘 되기를 비는 마음에서 그림 그리기 좋은 바위를 선택하여 정성을 다해 그림을 새겼지. 그리고 그 아래에 제단을 마련하여 사냥을 나갈 때나 돌아온 후에 손에 있는 손금이 닳아 없어지도록 빌고 또 빌었던 거지.

다시 말하면, 보이지 않는 신의 힘에 의하여 사냥감이 더 많이 번성하고 다치지 않고 그것들을 더 많이 잡을 수 있게 해 달라고 기원했던 것이란다.

그런데 너희들 혹시라도 미신 행위와 같은 이런 일을 하기 위하여 장시간의 노동력을 투입하여 대형 그림을 그렸다고 비난하면서 그들을 바보 멍청이라고 말하지는 마라. 현대를 사는 우리들도 간혹 자신이 바라는 바를 기원하기 위하여 이런 행위를 하고 있으니 말이다. 예를 들어 새 차를 산 사람이 '사고 나지 마라' 고 돼지 머리를 차 앞에 놓고 절을 하는 행위나, 이제 막 사업을 시작한 아저씨가 사업이 번창하기를 빌기 위해 산해진미(山海珍味)로 상을 차리고 하늘에 제사를 지내기도 하니까 말이다.

늘보거북 반구대 바위그림이 있는 곳은 어디예요?

장콩선생 울산광역시 울주군 언양읍 대곡리에 있는 대곡천의 절벽에 있단다. 그러나 그곳을 가더라도 실제 바위그림은 특별한 경우가 아니면 볼 수 없단다. 울산시에 공업용수를 공급하기 위하여 대곡천의 하류에 설치한 사연댐으로 인해 그림이 있는 곳이 대부분 물에 잠겨 있단다.

반구대 바위그림은 1971년 이 지역에서 불교 유적을 조사하던 동국대학교 불적조사단에 의하여 처음 발견되어 현재 국보 제285호로 지정되어 있단다.

아! 참, 한 가지 빠뜨렸구나.

대곡천의 반구대 바위그림이 있는 곳에서 2km 상류 지역에 또 하나의 바위그림 명품(名品)이 있단다.

울산광역시 울주군 두동면 천전리 지역에 있어서 '천전리 각석(川前里 刻石)' 으로 알려진 이 바위그림은 각종 형상을 사

실적으로 새긴 반구대 바위그림과는 다르게 동심원, 마름모, 물결무늬와 같은 기하학적 형상과 추상적인 인물들이 새겨져 있어서 반구대 바위그림과는 차별화되는 추상적인 미의식을 지니고 있단다.

또한 이 바위에는 선사시대인(先史時代人)이 기하학적 그림을 그린 후, 신라인들이 바위 아래쪽에 기마 행렬도와 용, 새 그림 및 800여 자의 글씨를 새겨 놓아 선사시대부터 신라시

천전리 각석(국보 147
호)_ 신석기~청동기,
울산광역시 울주군
두동면 천전리 소재,
장용준 사진. 기하학
적 형상과 추상적 인
물이 그려져 있다. 바
위 재질이 단단하지
않아 그림 새기기는
쉬웠겠지만 마모 또
한 빨라 보존하는 데
어려움이 있다.

대까지 꾸준히 이 바위를 대상으로 한 종교적 또는 예술적
행위가 이루어졌음을 알 수 있단다. 글자는 신라 법흥왕 때
인 6세기 초반에 새긴 것으로 추정하고 있는데, 신라 왕족이
이곳을 다녀갔다는 내용을 담고 있어서 이곳이 신라 때 중요
한 구실을 했던 곳임을 느끼게 해준단다.

그런데 더 재미있는 것은 바위그림의 이곳저곳을 찬찬히 살
펴보면, 이곳을 다녀간 현대인들이 기념 삼아 각종 도구로 방
문 기념 낙서를 해 놓아 이 바위가 아직도 현재 진행형으로
그림이 그려지고 있는 것 같아 한층 재미가 느껴진단다.

◆법흥왕_ 신라의 제23대
왕(재위 514~540).
532년 금관가야를 병합
하여 금관군을 설치, 낙동
강 유역을 확보하였다.

컴퓨터 그래픽으로
되살린 천전리 각석_
장용준 사진. 선사시
대인들이 새긴 것부
터 현대인의 낙서까
지 섞여 있어 보는
맛이 좋다.

문화 유적을 훼손하는 행위가 절대 있어서는 안 되겠지만, 이
바위 앞에 서서 선사인의 그림부터 현대인의 낙서까지 그림
을 새기고 그리던 사람들의 마음 상태를 상상하며 살펴보는
맛도 상당하단다.

참　　치 그림 속의 기하학적 무늬는 무엇을 상징하는 건가요?

장콩선생 학자마다 견해가 다르기 때문에 딱히 '무엇이다' 라고 단정
하여 설명하기에는 무리가 있단다. 다만 전 세계적으로 보았
을 때, 동심원은 해를 상징하고 있기에 이 바위그림도 태양

숭배와 관련하여 자연신 숭배 사상이 담겨 있을 걸로 추정하고 있단다. 즉, 자연과 함께하며 자연의 지대한 영향 속에 살았던 선사시대 사람들이 사실적으로 표현하지 못하는 이미지들, 예를 들어 하늘과 땅·물과 바람·삶과 죽음·영혼·시간의 흐름 따위를 기하학적 무늬로 형상화한 것으로 추측하고 있지.

늘보거북 그런 해석을 하니 놀라워요. 천전리 각석은 국보가 아닌가요.

장콩선생 왜 아니겠니? 발견 및 국보 지정이 반구대 바위그림보다 한 발짝 빨랐단다. 천전리 각석과 반구대 바위그림은 모두 이 지역에서 불교 유적을 조사하던 동국대학교 불적조사단에 의하여 발견되었는데, 1970년 12월에 천전리 각석이 발견되고, 이듬해인 1971년에 대곡리 주민들의 제보에 의하여 반구대 바위그림이 발견되었단다. 국보 지정도 천전리 각석은 1973년 국보 제147호로, 반구대 바위그림은 1995년 국보 제285호로 지정되었단다.

참 치 아빠! 이처럼 우리나라에 수많은 문화유산이 있는데 어떤 것이 국보로 지정되나요? 또 국보와 보물의 차이점은 뭔가요.

장콩선생 그럼 참치의 질문에 답변하면서 그림 감상을 마치자구나.

우리나라에서 문화재를 지정하고 관리하는 곳은 문화재청이

란다. 이곳에서는 역사적이나 학술적으로 가치가 큰 유형문

화재를 '보물'로 지정하여 관리하고 있는데, 보물 중에서

'인류 문화의 견지에서 그 가치가 크고 유례가 드문 것'을 골

라 '국보'로 지정하여 특별 관리를 한단다.

어떤 유물이 국보로 지정되기 위해서는 다음의 원칙에 맞아

떨어져야 한단다.

첫째, 특히 역사적·학술적·예술적 가치가 크거나, 둘째, 제

작 연대가 오래되고 특히 그 시대를 대표하거나, 셋째, 제작

의장이나 제작 기술이 특히 우수하여 그 유례가 적거나, 넷

째, 형태·품질·제재·용도가 현저히 특이하거나, 다섯째,

특히 저명한 인물과 관련이 깊거나 그가 제작했어야 한단다.

예를 들어 우리나라 국보 제1호는 남대문(정식 이름은 숭례

문)이고 보물 제1호는 동대문(정식 이름은 흥인지문)인데, 남

대문과 동대문은 조선시대 서울을 둘러싼 성곽(城郭)의 남쪽

과 동쪽 출입문이어서 얼핏 생각하면 격이 같아야 된단다.

그런데 틀린 이유가 분명히 있단다.

우선 시기적으로 남대문은 1395년에 만들어졌고 동대문은

1396년에 만들어져서 제작 연도에서 차이가 난단다. 여기에

◆유형문화재_ 각종 건축물·책·글씨·그림·고문서·조각·도자기·탑·불상·종과 같이 일정한 형태가 있어서 눈에 보이는 문화재. 반대로 연극·무용·음악·공예기술 등 무형의 문화적 소산으로 역사적 또는 예술적으로 가치가 큰 것을 무형문화재라 한다.

남대문이 동대문보다 크고 웅장하게 만들어졌으며, 건축기술적인 측면에서도 동대문에 비해 한 단계 더 높단다. 따라서 같은 서울 성곽의 문이지만 남대문은 국보로, 동대문은 보물로 지정하였단다.

참　치 아빠! 국보나 보물을 보면 숫자가 붙어 있는데, 숫자가 빠른 것과 늦은 것은 어떤 차이가 있나요?

장콩선생 유형문화재를 보물로 처음 지정한 것은 일제시대였는데, 일제는 편의상 지정된 유물에 번호를 붙여 놓았단다. 그리고 우리 정부가 1955년 보물을 국보로 바꾸어 재지정하면서 일제가 부여했던 번호를 그대로 따랐을 뿐이란다. 따라서 번호의 빠르고 늦음이 특별한 의미를 갖는 것은 아니란다. 그런데 문제는 많은 사람이 우수한 문화재순으로 번호를 매겼다고 생

🐂국보 1호 남대문(왼쪽)과 보물 1호 동대문(오른쪽)_ 조선시대에 만들어진 것으로 정식 이름은 각각 숭례문, 흥인지문이라고 한다. 남대문이 동대문보다 크고 웅장하며, 건축적인 측면에서도 한 단계 높다.

각하고 '남대문' 의 국보 1호 지정을 문제 삼기도 한단다. 세계 어디에 내 놓아도 손색이 없는 훈민정음이나 석굴암과 같은 문화유산이 있는데, 구태여 남대문을 국보 1호로 지정하여 우리 문화재의 얼굴마담 역할을 하게 해서는 안 된다는 것이지. 그래서 일부 문화재 전문가들은 국보나 보물에서 숫자를 빼자는 주장을 하기도 한단다.

그럼 여기서 마지막 퀴즈를 내겠다. 이것을 맞히면 아주 어마어마한 상품을 주겠다. 주관식이니 잘 생각하고 답을 말하렴.

현재(2005년 12월 31일 기준) 우리나라 국보와 보물은 몇 호까지 지정되어 있을까요? 알아맞혀 보시오. 잘 모르겠지롱?
이건 내가 입 아프게 말해주지 않아도 관심이 있으면 금방 찾아볼 수 있으니, 인터넷 여행을 하면서 한번 찾아보렴.
문화재청 홈페이지(http://www.cha.go.kr/)를 방문하면 금방 알 수 있을 거다.

그럼 안녕!!! 바이, 바이.

 미션 명 〉 **숨은 그림을 찾아라**

옆의 바위그림에서 보기의 형상들을 찾아 바위그림 전문가가 되어봅시다.

보기			
① 멧돼지	② 물개	③ 활 쏘는 남자	④ 거북이
⑤ 사람 얼굴	⑥ 동굴 입구	⑦ 사슴	⑧ 향유고래
⑨ 왼손에 막대기 들고 있는 사람	⑩ 부위별로 분배되고 있는 고래		

▶▶ 정답은 228쪽에 있음.

고구려 사람들의 진취적 기상을 알 수 있는
무용총의 수렵도

장콩선생 오늘은 퀴즈로 문을 열겠다. 다음 그림들의 공통점이 무엇인

지 맞혀보렴.

🏵 안악 3호분의 서쪽 곁방 서벽에 그려진 묘주인의 초상(왼쪽)_ 고구려 4세기 중엽, 황해도 안악군 소재.
덕흥리 고분의 전실 북면 벽화(오른쪽)_ 북한 남포직할시 강서구역 덕흥동 소재. 4세기 말~5세기 초의 고구려 문화와 풍습을 엿볼 수 있다.

참　　치　이건 아주 쉬운 문제네요. 고구려 고분에 있는 벽화들이에요.

장콩선생　오! 예스. 정답입니다. 딩동댕.

고구려 무덤 중 벽화가 있는 무덤은 지금까지 알려진 것이 90여 개 정도인데, 고구려의 활동 무대였던 압록강 일대와 평양 근처에 주로 있단다. 그중 우리가 오늘 집중 탐구를 할 '수렵도' 는 압록강 연안(沿岸)에 자리 잡고 있는 도시인 중국 길림성 집안현에 있는 무용총의 벽화란다.

이 벽화는 초등학교 6학년 1학기 사회교과서에 그림이 나오고 중학교, 고등학교 국사교과서에는 표지 그림으로 등장할 정도로 유명한 벽화란다. 그러니 오늘은 유명세를 톡톡히 타고 있는 수렵도를 집중 탐구하면서 고분 벽화의 이모저모를 살펴보자구나.

수렵도는 비록 원근감이 느껴지지 않는 평면적인 화면 구성이지만, 중앙에 있는 산을 물결 모양으로 처리하여 그림 전체가 생동감 넘치고 달아나는 짐승과 이를 쫓는 말 탄 무사 사이의 긴박감을 아주 실감나게 표현한 장대한 그림이란다. 그럼 다음에 나오는 수렵도를 보고 아빠 말이 맞는지 확인해보자구나. 수렵도 나와라 짠!

무용총의 수렵도_ 고구려 5세기 말~6세기 초, 중국 길림성 집안현 소재. 무용총 널방 서벽에 채색된 수렵도는 활달하고 힘찬 고구려인의 기상을 아낌없이 보여준다.

그림을 본 느낌이 어떠냐? 아빠의 해석이 그럴듯하지?

참　치 네, 고구려 사람들의 늠름한 기상(氣像)이 느껴져요. 당시 사람들은 헤라클레스처럼 힘이 셌을 것 같다는 생각도 들구요.

늘보거북 아빠 전요, 수렵도를 보니 고구려 사람들은 무척 행복하고 즐거웠을 것 같아요.

우리들은 방학이어도 학원에 가서 공부를 하느라고 밖에서 친구들과 놀 수가 없는데, 고구려 사람들은 매일 말을 타고 무술연습을 하고, 호랑이를 잡을 정도로 사냥을 잘했으니 얼마나 즐거웠겠어요.

장콩선생 그래, 듣고 보니 늘보 말도 일리가 있구나. 그러나 고구려에서 사냥은 단순히 짐승을 잡기 위한 놀이가 아니었단다. 왕이 참여하는 대규모의 정기적인 사냥은 국가에서 지낼 제사에 쓸 제물(祭物)을 마련하기 위한 행사였으며, 군사훈련이었단다. 고구려에서는 매년 3월 3일에 왕이 신하와 군사를 거느리고 사냥을 했는데, 이때 잡은 멧돼지나 사슴 등을 가지고 하늘과 땅의 신에게 제사를 지냈단다.

우리가 잘 아는 바보 온달이 평강공주의 도움으로 갈고 닦은 무술 실력을 선보여서 왕의 사위로 인정받은 것도 바로 이 사냥에서였단다.

이것만 보더라도 고구려에서 사냥은 단순한 놀이가 아니었음을 알 수 있지 않니?

그림을 다시 한번 살펴보렴. 큰 산도 거뜬하게 뛰어넘을 기백으로 아무 두려움 없이 사냥감을 몰아가는 고구려인의 굳세고 용맹한 기상이 느껴지지 않니? 팽팽하게 당겨진 활시위, 주인을 닮아 호랑이도 무서워하지 않고 비호처럼 달리기에 뒤로 쭉 뻗은 말의 꼬리, '나 죽는다'고 뒤 돌아볼 여유도 없이 그저 살기 위해 앞으로 뛰어가기만 하는 호랑이.

맹수의 제왕이 얼굴값도 못하고, 여기서는 고양이로 전락하고 말았구나. 집안 망신을 시켜도 유분수지, 호랑이 집안 망신은 이 그림 속의 호랑이가 다 시키고 있구나.

늘보거북 정말 호랑이가 고양이처럼 그려졌네요. 그런데 아래에 있는 말 탄 사람 옆에 검정색 동물은 뭐예요?

참　치 제 생각엔 화살을 피해 도망가는 여우 같은데요?

장콩선생 그래, 그 부분만 확대해서 살펴볼까?

이제 무엇인 것 같니?

늘보거북 개 같아요.

장콩선생 그래, 맞다. 주인과 함께 사냥을 하고 있는 개란다. 주인이 용맹스러우니 사냥 나온 개도 용감하기 그지없구나. 그런데 화살의 끝부분을 유심히 살펴보렴. 이상하지 않니?

참　치 아, 저거 알아요. 사냥감이 겁을 먹으라고 쏘는 화살이에요.

장콩선생 맞다. 참치가 제대로 알고 있구나.

'명적(鳴鏑)'이라는 화살이란다. '울 명(鳴), 화살촉 적(鏑)'이니 우리말로 풀어쓰면, 우는 화살이라고 해야겠지. 이 화살은 보통 화살과는 다르게 활촉 뒷부분에 달린 둥근 부분에서 화살이 날아갈 때 바람을 가르는 큰 소리가 났기에, 쫓기는 짐승을 혼비백산하게 만드는 효과가 있었단다. 따라서 사냥감을 직접 죽이지 않고 기절시키거나 생포할 때 주로 사용했던 화살이지.

이 그림에 등장하는 고구려 무사들이 하나같이 명적을 쏘고 있는 것으로 보아, 국가에서 지내는 제사에 쓸 요량으로 사냥감을 죽이기보다는 기절시켜 산 채로 잡으려 했던 것 같구나. 활을 쏘는 고구려 무사의 자세를 보렴. 자세가 아주 단정하며 굳건하지. 특히 그림 위쪽에 있는 무사의 활 솜씨는 거의 예술의 경지에 올라선 것 같구나 그렇지 않니?
두 손 놓고 말을 타기도 어려운데, 말 위에서 몸을 뒤로 돌려 화살을 쏘고 있구나.

이번에는 활을 한번 살펴보렴. 우리 민족은 예로부터 활 잘 쏘는 민족으로 알려졌단다. 그래서 중국 사람들이 우리 민족을 '동이족(東夷族)'이라고 불렀지. '夷'가 '활 쏘는 사람'을

무용총의 수렵도 부분그림_ 말 위에서도 몸을 뒤로 돌린 채 명적을 쏘는 무사의 활 솜씨는 거의 예술의 경지에 올라 있다.

글자로 만들어 놓은 것이니, 동이족은 곧 '동쪽의 활을 잘 쏘는 민족' 이라는 뜻이지.

여기서 아주 간단한 돌발 퀴즈를 하나 내겠다.

고구려를 건국한 사람이 누구지?

늘보거북 주몽이요. 근데 주몽의 뜻이 뭐예요?

장콩선생 늘보가 중요한 질문을 했구나. 활을 잘 쏘는 사람을 고구려에서는 '주몽(朱蒙)' 이라고 불렀단다. 우리나라를 대표하는 양궁선수들이 올림픽에서 매회 금메달을 따는 이유도 알고 보

◆주몽(동명왕)_ 고구려의 시조(재위 BC 37~ BC 19). 동명성왕이라고도 한다.

면 유래가 있단다. 고구려 사람의 피가 우리 몸에 면면히 흐르고 있으니 1등을 못할 이유가 없는 것이지.

아무튼 고구려는 활 잘 쏘는 사람을 최고로 우대했는데, 그들이 쓰는 활은 수렵도에 보이는 것처럼 짧은 활로 '맥궁(貊弓)'이라 한단다. 이 활은 말을 타고 달리면서 사용하기 적합하게 일반 활보다 작게 만들어진 활로 고구려 사람들은 이 활을 주무기로 하여 사냥을 했고, 사냥 과정에서 습득한 활 솜씨를 전쟁터에서도 유효적절하게 사용하여 적들을 무찔렀단다.

장콩선생 자! 그럼 이쯤해서 문제다운 문제를 하나 내겠다. 잘 생각해서 대답하렴. 맞히면 큰 상품이 기다리고 있단다.

수렵도를 보면 한 가지 이상한 점을 발견할 수 있단다. 물결 무늬처럼 그려 놓은 산이 사람보다 작게 그려져 있단다. 또한 맹수의 제왕인 호랑이를 고양이처럼 보잘 것 없게 그려 놓았단다. 그 이유가 무엇일까?

참　치 …… 모르겠어요. 너무 어려워요.

늘보거북 저도 모르겠어요. 얼른 설명해주세요.

◆맥궁_ 고구려의 소수맥(小水貊)에서 생산되던 활. 좋은 품질로 중국에도 알려짐. 말을 타고 달리면서 사용하기 적합하게 일반 활보다 작다.

장콩선생 모른다니 애석하구나. 맞히면 하와이 여행을 보내주려고 상
품권을 준비해 놨는데…….

옛날 화가들은 그림을 그릴 때, 사물의 실제 크기나 원근감을
고려하지 않았단다. 주인공이나 그림의 주제가 되는 것은 무
조건 크게 그렸단다. 따라서 이 그림에서는 핵심 주제가 사냥
을 하는 것이기 때문에 사냥의 주체가 되는 말과 사람을 크게
그리고, 산은 그저 '이곳이 산속이구나.' 하는 느낌만 가질 수
있도록 작게 그려 놓았단다. 이러한 것은 고대 그림의 일반적
인 특징이기 때문에 고구려뿐만 아니라, 고대에 그려진 많은
그림에서 쉽게 확인할 수 있단다.

실제 그림을 가지고 정말인지 아닌지 살펴보자. 옆의 그림은
무용총에 그려진 '접객도'란다. 접객도는 무덤의 주인이 손님
으로 온 두 스님을 접대하는 장면을 그린 것이란다. 그림 속에
등장하는 인물들의 크기를 비교해보렴. 이 그림의 주인공이 누
굴 것 같니?

참   치 팔짱을 끼고 의자에 앉아 있는 사람이요.

장콩선생 그럼 주인집에서 부엌일을 하는 노비는?

늘보거북 주인 앞에 차려진 밥상 밑에서 무릎 꿇고 앉아 있는 사람이요.

무용총의 접객도_ 무
용총 널방 북벽에 그
려진 묘주인공이 손
님을 맞이하는 그림.
그림 속 인물들은 신
분에 따라 다른 크기
로 그려졌다.

장콩선생 그래, 정확하게 맞혔다. 근데 늘보는 어떻게 해서 무릎을 꿇

고 있는 사람이 노비라고 생각했니?

늘보거북 다른 사람보다 작게 그려져서 노비라고 생각했어요.

장콩선생 빙고! 아주 정확히 추리했구나. 이럴 때 부르는 노래가 있지.

우리 다같이 일어나서 축하 노래를 불러볼까?

나- 나나나- 나나나나나나- 쏴~

나- 나나나- 나나나나나나- 쏴~~

주인의 뒤쪽에 서 있는 인물들은 크기로 보아 주인공의 자녀나 부하 또는 시종(侍從)일 거다. 이처럼 고대사회의 그림에서는 주인공이 어디에 있건 주인공은 크게 그리고, 신분의 상하에 따라 차이가 나게 그림을 그렸단다.

벽화가 있는 고구려의 고분은 네 벽뿐만 아니라 천장까지 빼곡하게 그림을 그렸는데, 무용총에는 수렵도나 접객도 외에도 우리에게 잘 알려진 그림이 하나 더 있단다.
무용총이라는 이름을 갖게 해준 그림이지.

참　　치 아, 알겠어요. '무용도'요?

장콩선생 그렇단다. 참새가 방앗간 앞을 그냥 못 지나간다고, 오늘은 무용총의 벽화에 대해 공부하고 있으니 아주 이 그림까지 살펴보고 넘어가자. 옆면의 그림이 무용도란다.

말을 탄 주인을 위하여 무용단이 춤을 추고 있구나. 주인 뒤에 시종이 따르고 있고 앞쪽에는 주인을 졸래졸래 따라온 개가 주인과 함께 춤추는 무녀들을 보고 있구나. 오른쪽 아래에 서 있는 7명은 합창단으로 주인을 위해 노래를 부르고 있구나. 이 사진에서는 생략되었지만, 무용단 위쪽으로는 춤을 지도하는 선생님과 악기를 연주하는 사람이 그려져 있단다. 따라서 이 그림은 춤 공연을 즐겨 보았던 주인의 생전 모습을 그대로 옮겨 놓은 것이란다.

참　치 주인공은 결혼을 하지 않았을까요? 부인 모습이 그림에 보이지 않네요.

장콩선생 아주 예리한 지적이로구나. 전혀 생각하지 못했는데…….
음~~~ 이 질문에 대해 적절한 답이 될지는 의문이지만, 이런 추정은 가능할 것 같구나. 무용총에는 시신(屍身)이 담긴 관을 놓는 단(壇)이 하나만 마련되어 있단다. 이로 보아 무용총은 그림 속의 주인공 혼자 묻힌 무덤이고 따라서 부부가 함께 있는 모습을 그리지 않은 것 같구나.

🦌무용총의 무용도_ 무용총 널방 동벽에 그려진 남녀가 대열을 짓고 노래하며 춤을 추는 모습의 벽화. 이 그림 때문에 무용총이란 이름이 붙었다.

어떠냐? 아빠 추리가 그럴 듯하지? 역사 공부의 묘미는 자신이 의문점을 품은 문제를 자기 나름대로 추리하여 가설을 세운 다음, 명탐정 홈즈처럼 당시의 역사적 조건이나 사료(史料)와 비교하고 분석하면서 사실화해가는 데 있단다. 처음에는 어렵겠지만, 자꾸 하다보면 상상력과 함께 논리력과 추론 능력이 길러지니 좋은 머리 썩히지 말고 추리해보렴.

자! 그럼, 여기에서 다시 퀴즈를 내겠다.

어렵더라도 포기하지 말고 오늘 배운 것을 바탕으로 추리해서 말해보렴. 이걸 추론해내면 역사탐정 자격증을 주겠다.

고구려인들은 사람이 죽으면 무덤 안에 왜 벽화를 그렸을까요?

참　치 에이! 너무 쉽네요. 얼른 역사탐정 자격증 주세요.

장콩선생 뭔데! 답부터 말해보렴.

참　치 죽어서도 벽화의 내용처럼 살기를 원해서 그렸어요.

장콩선생 딩동댕동 딩동댕. 예! 맞았습니다. 참치를 역사탐정으로 임명합니다. 자! 지금부터 참치를 위한 축하 공연이 있겠습니다.

나- 나나나- 나나나나나나- 쏴~

그래 정확했다. 이건 고구려 사람만이 아니고 고대인들의 일
반적인 사상이었단다. 고대인들은 '사람은 죽어도 그 영혼은
살아 있다.'고 믿었단다. 따라서 살아서의 부귀영화가 죽은
이후에도 계속되기를 바라는 마음에서 벽화를 그리기도 하
고, 죽은 사람을 죽어서도 모시게 하기 위해서 부하나 노비를
생매장하는 순장(殉葬)을 했단다. 또한 주인이 살아생전 사용
했던 물건들을 무덤 안에 넣어주기도 했단다.

◆순장_ 고대국가에서 임
금이나 귀족이 죽었을
때, 살아 있는 그의 아
내나 신하 또는 종을 함
께 장사 지내는 일.

그런데 재미있는 것은 그때 사람들은 주인공의 사후세계를
위하여 벽화를 그렸지만, 현재를 살고 있는 우리들은 벽화의
내용을 통해서 당시 사람들의 생활 도구나 의복의 모습, 종교
관과 같은 다양한 역사적 사실을 복원하고 있으니 이 얼마나
아이러니한 일이냐?
그런 측면에서 보면 고구려의 고분 벽화는 고구려인이 자신
들의 코스모스를 사실적으로 그려 보여준 만화경으로, 1천 5
백 년 뒤의 후손들을 위하여 설치해 놓은 '타임캡슐'이라고
할 수 있지.

늘보거북 아빠! 그런데요. 수렵도나 무용도에서 군데군데 그림들이 안
보이는 이유는 무엇이에요?

◆코스모스_ 질서와 조화
를 지니고 있는 우주 또
는 세계.

◆만화경_ 장난감의 하
나. 여러 갈래의 다양한
것이 섞여 있음을 비유
적으로 이르는 말.

장콩선생 그것은 무덤 속에 습기가 차면서 벽면이 떨어져 나가 그림들이 훼손된 거란다.

고구려의 고분 벽화는 제작 방법이 크게 두 가지란다.

돌의 표면에 직접 그림을 그리는 방식과 돌 표면에 석회를 바르고 그 위에 그림을 그리는 방식이란다. 석회 알지? 운동회할 때 운동장에 선을 긋는 하얀 가루. 이 가루를 밀가루 반죽하듯이 반죽을 하여 울퉁불퉁한 벽에 발라 벽면을 매끄럽게 한 후 그 위에 그림을 그렸단다. 그런데 석회를 바르고 그림을 그리는 방식은 또 두 가지로 나누어진단다. 석회가 완전히 마르기 전에 그림을 그리는 습식 벽화(프레스코)와 완전히 마르고 나서 그림을 그리는 건식 벽화(템페라)란다.

고구려 초기와 중기의 벽화는 주로 습식 벽화 방식으로 만들어졌단다. 그런데 이 방식은 그림 그리기가 쉽다는 장점이 있는 반면에 석회 자체가 습기에 약해 무덤 안에 습기가 많이 차면, 벽면에 발라진 석회가 떨어져 나가는 단점을 가지고 있단다. 고구려에서는 이러한 단점을 극복하기 위해 석회에 표면장력이 높은 해초(海草)를 혼합하여 접착력을 강화시켜 놓았지. 그러나 현대에 들어와 고분들이 개방되고 벽화를 보기 위해 사람들이 들고나면서 외부와의 온도 차이로 습기가 많이 생성(生成)되어 벽화의 훼손이 급속히 증가하고 있단다.

◆표면장력_ 액체의 표면이 스스로 수축하여 가능한 한 작은 면적을 취하려는 힘.

무용총 무용도의 부분 그림_ 군데군데 습기에 의해 벽면이 떨어져 나가 그림의 훼손이 심하다.

영무

춤꾼 ↑

가수 →

컴퓨터 그래픽으로 복원된 무용도_ KBS 「역사스페셜」 캡처. 복원한 모습을 통해 벽화의 초기 모습을 추정해볼 수 있다.

무용총의 벽화는 대부분 습식 벽화 방식으로 그려졌고, 아주 일부만 건식 벽화 방식으로 제작되었단다. 그래서 무덤의 문이 처음 열릴 때만 해도 거의 원형에 가까울 정도로 완전한 형태의 그림이었으나, 지금은 많은 부분이 떨어져나가 원형이 상당히 손실(損失)되고 말았단다.

다행히 중국과 북한에 있는 고구려 고분 벽화들이 세계 문화유산으로 등록되어 세계인의 관심 속에 보존 작업이 진행되고 있기에 앞으로는 지금보다는 훼손이 덜 될 거라는 생각이 들어 조금 안심이 된단다.

한편 고구려 후기에 제작된 벽화들은 돌 표면에 직접 그림을 그리는 방식으로 그려졌는데, 이 방식은 물감이 돌에 스며들지 않고 돌의 표면이 고르지 않아 그림을 그리기가 어렵다는 단점이 있으나 습기에 강해 아직까지도 그려질 당시의 색감을 그대로 간직하고 있단다. '사신도(四神圖)'로 유명한 강서대묘의 벽화들이 섬세하면서도 생동감이 넘치는 이유 중의 하나가 바로 여기에 있단다.

아! 참, 조금 어렵지만 일단 설명했으니, 고분 벽화의 유행에 관해서도 조금 언급하고 넘어가자.

고구려에서 무덤 안에 벽화를 그린 것은 4세기 중반부터였단다. 4세기 중반이면 고구려가 고대왕국으로 체계를 잡아갈 무렵이지. 이때부터 고구려가 멸망하던 7세기 후반까지 만들어진 벽화들을 살펴보면, 약 100년을 단위로 시대에 따라 벽화의 내용도 달라지고 있다는 것을 눈치 챌 수 있단다.

벽화 제작 초기(4세기 중반~5세기 중반)에 만들어진 벽화는 주인공의 근엄한 초상과 함께 생전의 생활 모습을 담은 생활 풍속도가 주를 이루었단다. 앞에서 처음 보았던 안악 3호분과 덕흥리 고분의 벽화에서 확인할 수 있단다.

중기(5세기 중반~6세기 중반)의 벽화에는 주인공이 초기처럼 엄숙한 모습이 아니라 일상에서 생활하는 모습으로 바뀜과 동시에 불교와 도교적 소재가 많이 등장한단다. 불교적 소재로는 연꽃 · 비천상(飛天像) · 불꽃 무늬 등이 그려졌으며, 도교적인 소재로는 사신도(四神圖), 용 · 기린과 같은 상서로운 동물들이 그려졌단다. 불교와 도교가 유행하면서 나타난 현상이라고 할 수 있지. 무용총, 각저총, 쌍영총의 벽화가 이 시기에 그려졌단다.

후기(6세기 중반~7세기 후반)의 벽화는 생활풍속도나, 불교적 색채가 짙은 그림들이 대부분 사라지면서 사신도(청룡, 백

◆기린_ 사슴의 몸에 말의 발굽과 소의 꼬리를 갖고 있으며 온몸에 영롱한 비늘이 덮여 있다는 상상의 동물. 용·봉황·거북과 함께 상서로운 네 영물의 하나이다.

◆각저총_ 중국 길림성 집안현에 있는 고구려의 고분.

◆쌍영총_ 북한 남포 용강군 용강읍에 위치한 고구려의 고분.

호, 주작, 현무)가 동서남북 벽면을 장식했단다. 그 이유는 고구려 후기에 불교가 쇠퇴하고 도교가 성행하면서, 당시의 시대적 상황이 벽화에도 그대로 반영된 것이지. 사신총, 강서대묘의 벽화가 후기를 대표한단다.

참   치 아빠! 아까부터 궁금한 게 하나 있었는데, 질문해도 되지요.
고구려 · 백제 · 신라 삼국 중에서 고구려만 무덤 안에 벽화를 그렸나요?

장콩선생 아니, 그건 아니란다. 백제의 무덤 중 일부에서도 벽화가 나온단다. 그러나 그 수가 고구려에 비해서 많지 않고 벽화의

능산리 고분 벽화_ 충남 부여군 능산리에 있는 백제시대 고분 벽화로 연꽃과 물결형 구름무늬가 이채롭다.

수준도 고구려에 비해 조금 떨어진단다. 신라의 무덤은 그 구조상 벽화가 그려질 수 없단다. 그래서 신라의 무덤에서는 벽화를 볼 수 없단다.

고구려나 백제는 무덤을 만들 때 주로 '굴식 돌방무덤'으로 만들었단다. 이 무덤은 돌판으로 복도와 방을 반지하 또는 땅 위에 만들고 그 위에 흙을 덮은 형식으로, 외형적으로는 거대한 흙무덤이나, 내부는 시신이 있는 방으로 들어가는 널길[연도:羨道]과 시신을 안치(安置)하는 방이 있는 구조란다.

그러나 신라는 '돌무지 덧널무덤'을 주로 만들었는데 이 무덤은 통나무와 같은 굵직한 나무로 지하나 지상에 덧널[목곽:木槨]을 짜 놓고, 그 속에 널[관:棺]과 껴묻거리를 넣은 후 덧널을 밀봉하고, 그 위를 5m 이상의 두께로 돌을 덮고 다시 흙을 쌓아올려 높이 10m가 넘는 거대한 무덤을 완성하였단다. 그러다보니 무덤 안에 방이 있는 고구려나 백제에서는 방벽과 천장에 그림을 그릴 수 있었으나, 신라 무덤은 방 자체가 없으니 그림을 그릴 수 없었고, 그 대신에 무덤의 주인공이 살아생전에 사용했던 생활용품을 가득 넣어 놓아 사후세계에도 살아 있을 때와 마찬가지의 부귀영화를 누리기를 기원했단다.

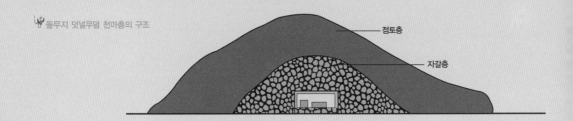

돌무지 덧널무덤 천마총의 구조

점토층

자갈층

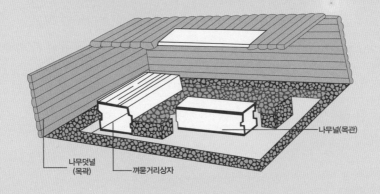

나무덧널
(목곽)

꺼묻거리상자

나무널(목관)

굴식 돌방무덤의 구조

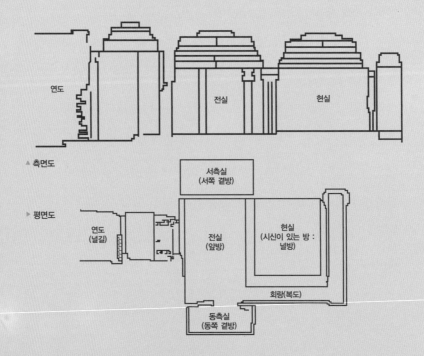

연도

전실

현실

▲ 측면도

▶ 평면도

서측실
(서쪽 곁방)

연도
(널길)

전실
(앞방)

현실
(시신이 있는 방 :
널방)

회랑(복도)

동측실
(동쪽 곁방)

참　치　그럼 신라의 그림으로 유명한 천마도는 벽화가 아닌가요?

장콩선생　당근이지. '천마도'는 분명 벽화가 아니란다.

다음에 우리가 감상할 그림이니, 오늘은 여기까지 하고 천마

도에 대해서는 다음 시간에 자세하게 이야기하자구나.

 미션 명 　**벽화 속에 등장하는 동물의 이름을 찾아라**

다음은 북한의 남포직할시에 있는 강서대묘의 사신도입니다. 각 벽에

그려진 상서로운 동물들의 이름을 보기에서 찾으시오.

보기	청룡	백호	주작	현무

①

②

④

③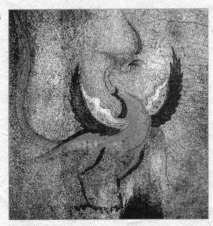

▶▶▶ 정답은 228쪽에 있음.

하늘을 나는 전설의 말이 그려진
천마총의 천마도

장콩선생 1973년 8월 하순, 여름 장마가 걷히고 마지막 무더위가 극성
을 부리기 시작할 즈음에 경주에서는 우리나라 문화재 발굴
역사상 둘째가라면 서러워할 정도의 대단한 발굴이 이루어
지고 있었단다.

무덤의 주인을 몰라 그냥 155호분(墳)이라고 부르던 무덤에
서 무려 1,500년을 잠자고 있던 그림 한 점이 선명한 색채를
뿜내며 찬란한 모습을 드러냈단다. 그리고 그 그림 하나 때문
에 이름 없던 무명 무덤은 졸지에 이름까지 얻어버렸단다. 그
그림이 뭐냐고? 내가 그림을 보여줄 테니, 참치 네가 이름을
말하렴. 어떠냐 많이 본 그림이지?

천마총의 천마도(국보 207호)_ 천마총에서 출토, 신라 5~6세기경, 가로 75cm, 세로 53cm, 두께 약 6mm, 국립경주박물관 소장. 현존하는 거의 유일한 신라 회화 작품이다.

참　　치 아 알겠다! '천마도'요. 이거 너무 쉽잖아요.

장콩선생 딩동댕. 그래, 정답이다. 그렇다면 이 그림이 나온 무덤은 이
　　　　 름을 뭐라고 정했을까?

늘보거북 천마총요. 기본 상식이죠.ㅋㅋㅋ

장콩선생 딩동댕동 딩동댕. 그래 너도 맞았다.

　　　　 그림을 한번 보렴. 하늘을 달리는 말이 얼마나 빨리 달리는지
　　　　 입에서는 상서로운 입김이 분수를 내뿜는 듯 나오고 있구나. 말
　　　　 갈기와 곧추세운 꼬리털은 바람에 날려 사정없이 뒤로 젖혀 있
　　　　 어 달리는 말에 생동감을 부여하였구나. 흰 물감으로 몸 전체를
　　　　 칠해버려 꿈틀거리는 근육의 생생함은 볼 수 없지만, 형태만으
　　　　 로도 이 말이 예사롭지 않은 말임을 짐작할 수 있지 않니?

늘보거북 예, 그래요. 저는 이 말을 처음 보는 순간, 제가 머릿속에 상상
　　　　 했던 하늘을 나는 말과 너무 비슷해서 깜짝 놀랐어요.

장콩선생 그래? 늘보 너는 상상력이 풍부하니 충분히 그런 상상을 하
　　　　 고도 남았을 거다. 그런데 우리가 본 그림은 무덤에서 발굴
　　　　 당시의 천마도를 찍은 것이란다. 그러다보니 아무래도 천마

도를 자세히 살필 수는 없구나. 천마도를 복원한 후의 그림을 제시할 테니, 이것을 통해서 천마도를 더 자세히 살펴보자구나. 위의 그림이 복원된 천마도의 모습이란다.

겨드랑이에 고사리 모양의 날개가 달려 있고 몸통 군데군데에는 반달 모양의 무늬가 박혀 있구나. 테두리에는 ♡♤형의 문양을 연속적으로 그려 놓았구나. 이런 문양을 인동당초문(忍冬唐草文)이라고 한단다. 고구려 고분 벽화에도 자주 등장하는 우리의 전통문양이란다.

🐎 **복원된 천마도_** 국립 경주박물관 소장. 천마도는 벽화가 아니다. 말의 안장 양쪽에 달아 늘어뜨리는 장니에 그려진 말그림으로 공식 이름이 '천마도 장니' 이다.

◆**인동당초문_** 덩굴풀 모양의 무늬가 길게 연속적으로 나타나는 전통문양의 한 종류. 길고 가는 잎사귀 모양이 부채꼴 모양으로 펼쳐진 형태의 문양을 인동문이라 한다. 당초문은 '중국 전래의 덩굴풀 문양'이란 뜻으로 고대 이집트의 문양이 비단길을 통해 중국에 전래되어 발전, 동양 각국에 퍼졌다.

여기서 질문을 하나 하겠다. 잘 관찰하고 맞혀보렴.

천마도가 그려진 캔버스의 재질은 무얼까요?

늘보거북 종이요.

참   치 저는 가죽인 것 같아요.

장콩선생 아! 무척 아쉽구나. 둘 다 틀렸다.

천마가 그려진 캔버스는 종이도 가죽도 아니란다. 자작나무 껍질로 판을 만들어 그곳에 그림을 그렸단다. 물론 테두리는 오래 사용하기 위해 4면 전체를 가죽으로 덧대고, 그곳에 당초문을 그렸단다. 천마도를 다시 한번 살펴보렴. 45° 각도로 여러 개의 선, 정확히 말해서 14개의 선이 서로 교차되어 있단다.

참   치 예, 보여요. 제가 덮고 자는 누비이불처럼 화면 전체가 ×자로 누벼져 있어요. 그림을 처음 볼 때 발견했는데, 이상하다고 생각했어요. 아빠! 왜 누벼 놨을까요?

장콩선생 천마도는 그림이지만, 단순한 그림이 아니란다. 즉, 보고 즐기기 위한 감상용 그림은 아니란 얘기지. 말다래란다.

참   치 말다래가 뭐예요. 처음 들어보는데요.

장콩선생 국보 207호로 지정된 이 그림을 우리는 흔히들 '천마도'라고
부르지만, 공식 이름은 '천마도 장니(天馬圖 障泥)'란다. 장
니(障泥)는 우리말로 '말다래'라 하는데, 말을 탄 사람의 옷
에 흙이 튀지 않도록 말안장 양쪽에 늘어뜨린 기구란다. 자전
거의 흙받이와 같은 기능을 가진 것이지. 자전거 흙받이 알지?
바퀴 위에 매달려서 빗속을 달릴 때 물방울이 사람에게 튀는
것을 차단하는 기구. 바로 그것이 말에서는 말다래란다.

천마도는 바로 말다래에 그려진 그림이란다. 그러니
까 벽에 붙여 놓고 감상하는 일반 그림이
아니라, 사람이 사용하는 생활용품에
그려진 장식용 그림이란 말이지.
그런데 생각해보렴.
말다래를 만들 때 허술하게 만들면 어떤 일이 벌
어지겠니? 몇 번 못 쓰고 버려야 되겠지. 요즘처
럼 아예 1회용으로 사용하기 위해서라면 모를
까? 어느 누가 자신이 매일 쓰는 물건을
허술하게 만들겠니? 당연히 처음 만들
때 바느질을 정성껏 하여 최대한 오래
사용할 수 있도록 했고, 그 과정에서 아주

말다래

흙받이

꼼꼼하게 ×형으로 누비질을 해 놨단다.

늘보거북 그림이 흰색, 검은색, 붉은색 세 종류의 물감으로 그려졌는데, 당시에 이런 물감들은 어떻게 만들었어요?

장콩선생 오! 우리 늘보가 화가가 꿈이라더니, 물감에 관심이 많구나. 이건 아빠가 자신 있게 말할 수 있으니 잘 들으렴.

흰색 물감은 '호분(胡粉)'으로 흰색 돌가루나 조개껍데기를 태워서 나온 가루를 기름에 적당히 섞어서 만들었단다. 검정색 물감은 우리가 붓으로 글씨 쓸 때 사용하는 '먹'이란다. 붉은색은 일종의 납 화합물인 '주사(朱砂)'와 '광명단'으로 옛 그림에서 흔히 사용되는 천연 무기물 물감이란다. 주사와 광명단은 도교에서 '불로장생의 명약'으로 알려진 물질로, 이것을 천마도 그릴 때 사용했다는 것은 그림을 그릴 당시의 신라사회에 도교가 유행하고 있음을 짐작하게 해준다.

◆주사_ 새빨간 빛이 나는 육방정계의 광물. 수은과 황의 화합물로 정제하여 물감이나 한방약으로 쓰임.

◆도교_ 신선사상을 기반으로 하며, 노장사상(老莊思想)·불교·유교 등이 결합하여 이루어진 중국 고유의 종교.

그런데 웃기는 것은 주사나 광명단은 납이 주성분이기 때문에 이것을 빈번히 먹으면 납중독에 걸려 죽을 수도 있단다. 그런데도 불구하고 도교행사를 주관하는 도사들은 이것을 모르고 '불로장생의 명약'이라고 생각하여 중하게 여겼으니, 아마 도사들이 자신들의 무지(無知)로 인하여 애매한 사람 여

럿을 하늘나라로 보냈을 거다.

참   치 그런데 왜 자작나무 껍질로 말다래를 만들었을까요? 비단이
나 가죽으로 만들어도 되었을 것 같은데요?

장콩선생 비단이나 가죽도 사용했겠지. 왜냐하면 천마총에서도 말다
래가 세 개 출토되었단다. 대나무로 짠 것과 나무판에 칠을
한 말다래, 그리고 오늘 감상하는 천마도가 그려진 자작나무
껍질의 말다래란다. 이로 보았을 때 비단이나 가죽으로 말다
래를 만드는 것이 가능했겠지. 하지만 자작나무 껍질도 말다
래를 만드는 재료로는 적격이란다.

우선 자작나무는 색깔이 하얗고 껍질이 미끈하며, 필요한 크기
의 껍질을 단번에 얻을 수 있단다. 천마도가 그려진 판은 가로
75㎝, 세로 53㎝로 중형 TV 화면 정도 되는데, 이 정도의 크기
라면 40~50년 정도 되는 자작나무 껍질로 제작이 가능하단다.
이건 내 말이 아니고 나무 전문가인 박상진(朴相珍) 선생이 추
정한 것이니, 믿어도 될 거다. 또 자작나무는 일종의 방부제에
해당하는 큐틴이 다른 나무보다 많이 들어 있어 잘 썩지 않고,
곰팡이도 거의 피지 않으며 왁스 성분이 많아 물이 잘 스며들지
않는 높은 방수성도 갖고 있단다. 따라서 말다래로서는 비단이

◆박상진_ 현재 경북대학
교 임상공학과 교수로
나무 문화재를 과학적
으로 분석하는 작업을
지속적으로 하고 있다.
저서로 『역사가 새겨진
나무이야기』가 있다.

자작나무 숲_ 자작나무는 색깔이 하얗고 껍질이 미끈하며, 필요한 크기의 껍질을 단번에 얻을 수 있기 때문에 말다래의 재료로 적격이다.

나 가죽보다 오히려 자작나무 껍질이 안성맞춤이라고 할 수 있지. 그런데 박 선생님의 주장에 의하면, 천마도 캔버스는 우리가 일반적으로 생각하는 자작나무가 아닐 수도 있다는구나.

늘보거북 그래요? 그럼 어떤 나무로 만들어진 거예요?

장콩선생 자작나무과 나무는 우리나라만 해도 36종이 있는데, 흰색 껍질이 트레이드마크라고 할 수 있는 자작나무과는 자작나무 외에 거제수나무, 사스레나무가 있다는구나. 그런데 문제는 이 세 나무가 세포의 모양으로도 구별할 수 없을 정도로 비슷하여 오랜 기간 땅속에 있어서 색이 변해버린 천마도의 경우, 세 나무 중 어느 것의 껍질을 썼는지 알 수가 없단다.

박 선생님의 생각으로는 자작나무는 백두산에서 시베리아 벌판에 걸쳐 자라는 북방계 나무이기에 이 나무로 신라 기술자가 말다래를 만들었다면, 그것은 당연히 고구려에서 수입해온 수입품이었을 것이고, 거제수나무나 사스레나무는 우리나라 태백산 줄기로 이어진 남쪽 지역에서 지금도 흔히 만날 수 있는 나무이기에 그 당시에도 신라땅에서 얼마든지 구해서 쓸 수 있는 신라 국산품으로 여겨진단다.

그런데 천마총에서 천마도와 함께 발굴된 새와 말 탄 사람을 그린 캔버스의 재질이 자작나무 껍질이었고, 금관총 및 황남대총에서도 자작나무로 만든 물건들이 나오는 걸로 보아, 신라에서 사용한 자작나무 껍질은 우리가 일반적으로 생각하는 북방계의 자작나무 껍질보다는 신라땅에서도 쉽게 구할 수 있는 거제수나 사스레나무일 가능성이 크다는 것이지.

참　치　박 선생님의 주장을 듣고 보니 그럴 것 같다는 생각도 드는군요. 천마도 하나 정도는 다른 나라에서 수입한 고급 재료를 써서 만들 수 있었겠지만, 다수의 물건을 수입품으로 만든다는 것은 당시 상황으론 불가능했을 것 같아요.

장콩선생 아빠도 그럴 것 같다는 생각은 들지만, 과학적으로 확실하게 규명이 되지 않는 한, '천마도의 캔버스는 거제수나무다' 또는 '사스레나무다' 라고 하는 것은 또 다른 오류를 부를 수 있기에 섣불리 판단해서는 안 된단다.

천마도를 둘러싸고 이와 같은 논쟁거리가 최근에 또 하나 발생했단다. 천마도에 그려진 말이 '천마' 가 아니고 '기린' 이라는 주장이 대두되어 학계의 관심을 모으고 있단다.

이 주장은 미술 사학자인 이재중 선생이 1995년부터 현재까지 줄곧 제기하는 것으로 상당히 타당성이 있는 주장이란다.

기린하면 우리는 아프리카 초원에서 어슬렁거리는 목이 긴 동물을 생각하지만, 동양에서의 기린은 봉황·거북·용과 더불어 신령스런 동물로 숭배되는 상상의 동물이란다. 고구려 고분 벽화에도 간혹 등장한단다. 생김새는 서양의 신화에 자주 나오는 유니콘처럼 외뿔이고, 몸체는 천마도에 나온 천마처럼 생겼단다. 따라서 천마에 뿔만 있다면 기린이라 해도 뭐라고 할 말이 없지.

◆유니콘 _ 유럽 중세의 동물지(動物誌)에 나오는 전설적인 동물. 말과 같은 체구에 이마에는 한 개의 뿔이 있으며 무적의 힘을 과시함. 서양 미술의 테마로도 쓰임.

그런데 1997년 국립중앙박물관 보존과학실이 천마도를 적외선으로 촬영해보니 육안으로는 볼 수 없었던 뿔이 천마의 정수리에 완연하게 있는 것으로 나타났단다.

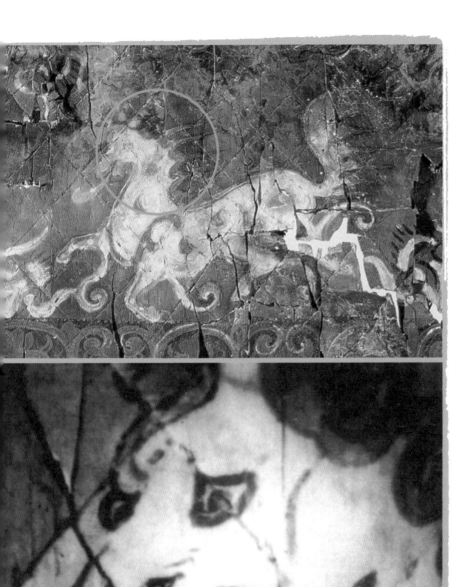

 천마도(위)와 적외선
으로 촬영한 모습(아
래)_ 육안으로 볼 수
없었던 뿔이 적외선
촬영을 통해 천마의
정수리에 완연하게 나
있음을 알 수 있다.

아직도 많은 학자들은 이것을 뿔로 보기보다는 신령스런 기운으로 생긴 불꽃으로 보아서 "기린이 아니다"라고 주장하지만, 일부의 학자는 기린이 분명하다고 주장한단다.

늘보거북 아빠 생각은 어떠세요.

장콩선생 아빠는 기린일 거라고 생각한단다. 왜냐하면 고구려 고분인 삼실총에 기린 그림이 있는데, 뿔만 제외하면 천마도의 천마와 비슷하게 생겼기 때문이란다.

참　치 그런데, 천마총에서는 천마도만 출토되었나요? 천마도 정도의 물건이 나왔다면, 다른 유물도 많이 나왔을 것 같은데요.

장콩선생 네 생각처럼 아주 다양한 물건이 나왔단다.
여기서 퀴즈를 하나 내겠다. 맞히면 큰 상이 있으니 꼭 맞히렴.
천마총 안에서 출토된 유물의 수는 1만 점이 넘는다.
맞으면 ○표, 틀리면 ×표 하시오.

참　치 저는 ×요. 아무리 부자라도 무덤 안에 1만 점 이상의 물건을 넣지는 않았을 것 같아요.

🦋 삼실총에 그려진 기린 벽화_ 고구려 5~6세기, 중국 길림성 집안현 소재. 최근 천마총의 천마가 상상의 동물 기린이라는 주장이 대두되고 있다. 삼실총의 기린은 뿔만 제외하면 천마도의 천마와 비슷하여 이 주장이 일견 설득력 있게 받아들여지고 있다.

🦋 기린_ 천마총의 천마와 거의 같은 시대 중국에서 그려진 기린 그림들.

늘보거북 저는 O표요. 아빠가 저렇게 물어보는 것을 보니, O표가 맞을 것 같아요. 😊

장콩선생 예~ 느림보 늘보거북이가 참치를 이겼습니다. O표가 맞습니다. 늘보에게는 약속대로 집에서 사시사철 쓰는 큰 상을 선물로 주겠습니다. 천마총을 발굴하고 쓴 보고서에 의하면 금관을 비롯한 액세서리가 8,766점, 무기가 1,234점, 말 탈 때 쓰는 물건이 504점, 그릇들이 226점, 기타 796점 해서 모두 1만 1,526점의 유물이 출토되었단다.

어때! 상상을 초월하지?

그런데 재미있는 것은 천마총의 발굴이 처음에는 아주 우스운 이유로 이루어졌다는 것이란다. 학교 수업시간에는 결코 들을 수 없는 재미난 이야기니 귀를 쫑긋 세우고 들어보렴.

천마총은 1973년에 발굴되었는데, 우리 정부는 1973년부터 1975년에 걸쳐 경주 종합개발계획을 세우고 관광객을 유치하기 위한 일환으로 신라 최대의 무덤으로 알려진 98호분을 발굴 조사한 후 그 내부를 공개하기로 하였단다.

그러나 막상 발굴을 하려고 보니, 당시 우리나라 발굴 기술로서는 감당하기 힘든 어려운 작업이어서 발굴을 책임진 사람들은 우선 98호분에서 서쪽으로 약 130m 정도 떨어진 지점에

금제나비형관식(보물 617호)_ 신라 6세기, 높이 23cm, 너비 23cm, 국립경주박물관 소장. 천마총에서 출토된 유물. 전체를 세로로 반으로 접었던 흔적이 있으며, 밑에는 못 구멍이 하나 있어 어떠한 형태로 쓰인 것인지 분명치 않다.

천마총 금모자(국보 189호)_ 신라 6세기, 높이 16cm, 너비 19cm, 국립경주박물관 소장. 금판을 뚫어서 다양한 무늬를 낸 뒤 그것을 서로 이어붙여 만들었다.

있던 작은 고분인 155호분을 먼저 시험적으로 발굴하기로 했단다. 그래서 155호분을 발굴하였는데, 이곳에서 생각지도 않게 화려한 유물이 무더기로 쏟아져 나와 사람들을 놀라게 했단다. 그야말로 '봉사 문고리 잡기' 식으로 발굴해서 대박을 터뜨리고 말았지.

그런데 더 재미있는 것은 천마총 발굴을 끝내고, 발굴 관계자들은 작은 무덤에서 이 정도의 유물이 나왔다면, 98호분 같은 큰 무덤에서는 얼마나 화려한 유물들이 나올까를 은근히 기대하면서 98호분을 발굴했단다. 그런데 웬걸, 천마총에서 출토된 유물보다 화려하지도 않고, 매장량도 적어서 크게 실망하고 말았단다.

이 무덤을 후에 황남동에 있는 큰 무덤이라고 해서 '황남대총'이라 했는데, "키 큰 놈치고 속 있는 놈 없다."는 속담이 그다지 틀린 말이 아니라는 것을 여실히 보여주었단다. 아빠가 키가 작아서 한 농담이니 새겨듣지는 말아라. 그래도 이 무덤은 우리 가족과 인연이 깊은 무덤이란다.

늘보거북 왜요?

장콩선생 2003년 경주에서 국제문화엑스포가 열렸을 때 우리 함께 엑

스포 구경 간 적 있었지? 그때 황남대총이 있던 무덤군 사이에서 전야제 행사가 열렸던 거 생각나니?

참　치 예, 생각나요. 그때 큰 무덤 위에 앉아서 가수 마야가 노래 부르는 것을 구경했어요. 그곳에서 잔디 썰매도 탔고요.

장콩선생 너희들이 잔디 썰매를 타면서 신나하던 바로 그 무덤이 황남대총이었단다.

늘보거북 아빠, 무덤 이름을 왜 처음에는 숫자로 붙였나요?

장콩선생 일제시대 때 경주시내에 있던 고분을 관리하기 편하게 하기 위해 아무 의미 없이 숫자를 붙였단다.

참　치 그런데 천마총은 언제 만들어진 무덤이에요?

장콩선생 그러고 보니 무덤 자체에 대해서는 설명
하지 않았구나.
출토된 유물이나 고분의 구조
로 보아 신라 소지왕(제21
대 왕, 재위 479~ 500)

◆지중왕_ 신라 22대 왕.
503년 국호를 '신라'
로 개정하고, '마립간'의
칭호 대신 '왕'의 호칭
을 쓰게 했다. 512년에
이사부를 통해 우산국
(울릉도)을 신라땅으로
만들었다.

◆초원길_ 고대 동·서 지
역을 연결하는 교통로로
중앙아시아 지역을 통
과한다. 석기시대부터
사용되었다.

이나 지중왕(재위 500~514)의 무덤으로 추정하고 있단다. 그
러나 꼭 집어 확실하게 말하기는 어려우므로 전문가들은 5세
기에서 6세기에 만들어진 무덤으로 폭넓게 이해하고 있단다.
천마총의 크기는 지름이 47m, 높이가 12.7m로 황남대총보다
작기에 여기서는 작은 무덤이라고 했지만, 실제로는 대형 원
형 고분이란다. 무덤의 내부구조는 '돌무지 덧널무덤'이란다.

앞에서 말했듯이 이곳에서는 금관, 금귀고리, 금허리띠를 비
롯한 다양한 유물이 출토되었는데, 그중 가장 특징적인 것이
짙은 푸른색을 띤 거북등무늬 유리잔이란다. 신라의 각 무덤
에서는 유리병이나 유리잔, 유리구슬 들이 간혹 출토되는데,
형태나 구성 성분으로 보았을 때, 놀랍게도 'MADE IN 로마'
란다. 고대 유럽과 아시아의 교류를 연구하는 학자들은 이 시
대에 이미 로마 문화가 초원길을 통해서 고구려와 신라사회
에 유입되었을 것으로 생각하고 있는데, 이러한 추정을 가능
케 하는 배경에 신라 무덤에서 출토되고 있는 로마 유리들이
있단다.

참 치 와! 지금도 가기 어려운 유럽 지역과 교류가 있었다니 이건
정말 놀라운 일인데요. 알고 보면 신라가 발이 무척 넓은
나라였군요.

외부 문명에 대한 관심도 많았던 거 같구요.

그런데요, 아빠! 궁금한 게 있어요. 아빠가 무덤을 설명
하면서 고분, 총, 묘를 섞어 말씀하시니까 조금 헛갈리는
데, 그 차이가 어디에 있나요?

장콩선생 무덤 이름의 구별까지는 안하려고 했는데 참치가 질문했으
니, 아주 설명하고 넘어가자.

무덤에 붙여주는 이름도 신분에 따라 차별이 있단다. 어찌 보
면 살아서의 신분이 죽어서 무덤 이름에도 그대로 적용되었
던 것이지.

일단 무덤은 일반적으로 사용하는 용어란다. 한자로 말할 때
는 '묘(墓)'라고 하니 무덤이나 묘는 일반적으로 우리가 쓰는
용어라고 이해하면 될 거다.

능(陵)은 왕과 왕비의 무덤을 말한단다.

원(園)이라는 무덤도 있는데, 원을 사용하는 신분은 조금 복
잡하단다. 왕세자와 왕세자비, 왕세손과 왕세손비, 왕의
생모(生母)이지만 신분이 빈(嬪)인 경우에 원(園)을 붙였
단다. 경기도 양주에 소령원이 있는데 이 원은 조선의 제
21대 왕인 영조의 어머니인 숙빈 최씨의 무덤으로

거북등무늬 유리잔
(보물 620호)_ 천마
총에서 출토, 국립경
주박물관 소장. 천마
총 유리배라고도 함.
짙은 푸른색을 띤 이
유리잔은 형태나 구
성 성분으로 보았을
때 로마의 영향권에
있던 곳에서 만들어
진 것으로 당시 신라
가 유럽 지역과의 교
류가 있었음을 입증
해준다.

최씨가 임금의 어머니지만, 숙종의 후궁이었기에 원이라 했단다. 경기도 고양시에 있는 효창원은 조선 제22대 왕 정조의 큰아들인 문효세자의 무덤으로 임금 자리에 오르기 전인 세자 시절에 죽어서 '원(園)'이라 붙였단다.

기타 나머지 신분은 모두 '묘(墓)'라고 했단다.

자! 여기서 퀴즈를 하나 내겠다. 아주 쉬운 문제이니 머리 굴리지 말고 곧장 대답해라.

장콩이 죽었다. 무덤 이름을 뭐라고 해야 할까?

늘보거북 당연히 '묘'라고 해야죠.

장콩선생 허! 참, 그놈, 누구 아들인지 똑똑하기가 제갈량 같구나. 그래, 맞았다. 장콩은 죽었다 깨나도 왕을 할 수 없으니 당연히 '무덤' 또는 '묘'라고 해야 맞겠지.

'분(墳)'의 경우는 무덤 주인도 모르고 다른 무덤과 구별될 수 있는 특징도 없는 경우에 주로 붙이는데, 대개 무덤이 있는 지명의 이름 뒤나 숫자 뒤에 분을 붙이는 경우가 많단다. 고구려의 안악 1호분, 수산리 고분, 덕흥리 고분, 백제의 송산리 고분, 능산리 고분, 신라의 98호분 등이 여기에 속하지.

고분 중에서 발굴이나 도굴이 되어 무덤 안에서 특징적인 것이 발견되면 그 특징을 중심으로 이름을 붙이는 경우가 있는데, 이 경우에 '총(塚)'을 붙인단다. 네가 알다시피 천마총은 천마도가 출토되어서, 무용총은 무용도 벽화가 있어서, 각저총은 씨름하는 벽화가 있어서 그런 이름이 붙여졌단다. '각저(角抵)'는 씨름의 한자어이지.

자! 이 정도면 이해가 되었지.

이제 오늘 그림 감상도 마쳐야겠다. 다음 시간엔 고려시대 유행했던 불화(佛畫)를 살펴보자구나.

 미션 명 ◇ **무덤의 이름을 추적하라**

다음 유물들은 한 무덤에서 나왔습니다. 이처럼 화려하고 다양한 유
물이 나온 무덤의 이름은 무엇일까요. 하늘을 나는 천마가 나온 무덤
입니다. 각 유물의 명칭도 말해봅시다.

① ②

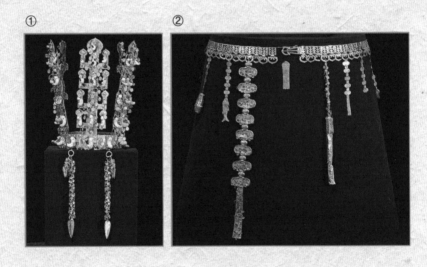

③
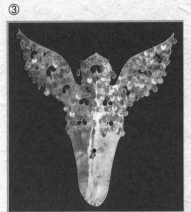

④
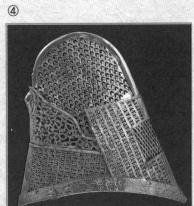

⑤

▶▶▶ 정답은 228쪽에 있음.

고려인의 불심이 가득 담긴
혜허의 양류관음도

장콩선생 그림을 보렴. 이런 그림을 뭐라고 하는지 아니?

참　치 미인도요.

장콩선생 ㅋㅋㅋ

상상력이 풍부해서 좋긴 한데, 너무 동떨어진 대답이구나.

이런 그림을 불화(佛畵)라고 한단다. 주로 절에서 법당(法堂)

의 벽에 걸어 놓고 신앙의 대상으로 삼기 위해 제작했단다.

불화는 어느 시대에나 제작되었는데, 뛰어난 예술성을 지닌

작품은 고려 후기인 14세기에 그려진 그림들이란다.

지금 감상하는 불화 '양류관음도'도 14세기 초반에 그려진

양류관음도_ 혜허, 고려 1300년
경, 비단채색, 144cm×62.6cm,
일본 센소사 소장.

것으로 혜허라는 승려가 부처를 향한 지극한 마음에서 심혈을 기울여 그린 작품이란다.

참   치 우수한 불화가 특별히 14세기에 많이 만들어진 원인이 있나요?

장콩선생 고려 전기의 지배층인 문벌귀족세력의 적극적인 후원 하에 고려인의 개성이 담긴 비색 청자가 만들어졌다면, 불화는 원나라 간섭기 때 고려를 이끌어갔던 권문세족의 적극적인 후원 하에 꽃을 피웠단다. 고려 후기의 지배층인 권문세족들은 가문(家門)의 안녕(安寧)을 위하여 개인 사찰을 짓고 거기에 걸어 놓을 불화를 그림 잘 그리는 화가를 데려다가 특별하게 제작했단다. 그러다보니 자연히 그림의 예술적 품격이 타 시대에 비하여 높을 수밖에 없었지.

그런데 하나 아쉬운 것은 잘 그려진 고려불화의 대부분이 일본에 있어서, 그들을 만나고 싶어도 만날 수가 없다는 점이란다.

늘보거북 아니! 어떻게 해서 우리나라 사람이 그린 그림이 우리나라보다 일본에 더 많이 있어요. 일제시대 때 일본 사람들이 몰래 가져갔나요?

장콩선생 고려불화는 현재 전 세계에 160점 정도 있는 것으로 파악되는데, 이중 50여 점이 일본에 있고 우리나라에는 9점밖에 없단다.

이렇게 된 이유는 고려 말의 왜구 출몰과 임진왜란이 크게 작용했단다. 우리 역사에서 왜구의 출몰이 가장 심했던 때가 고려 후기인 14세기 말이었는데, 이때 왜구들에 의하여 많은 불화가 일본으로 넘어갔고, 또 임진왜란 때 다수의 고려불화가 일본 사람들에 의해 강탈되어졌단다. 물론 일제시대 때도 일부가 일본땅으로 건너갔을 것이며, 불화가 적극적으로 만들어지던 14세기 때 일본인의 주문에 의하여 수출되었던 그림들도 조금은 있었을 거다. 일본도 불교를 크게 믿었기에 삼국시대 이후로 우리나라에서 불교 서적이나 불교 용구들을 자주 수입해갔단다.

일본에 있는 고려 불화 미륵하생경변상도_ 고려 1350년, 178cm ×90.3cm, 비단채색, 일본 친왕원 소장.

자! 이제부터 오늘 감상할 불화를 본격적으로 탐구해보자구나. 혜허의 '양류관음도'를 좀더 확대해서 보자구나.

참　치　저는 아무리 봐도 왕비나 귀부인처럼 보이는데, 그림 속에 있는 사람이 누구죠?

장콩선생　관음보살이란다. 그림의 제목이 '양류관음도(楊柳觀音圖)'인데, '楊(양)'과 '柳(류)'가 버드나무를 뜻하므로 우리말로 풀어쓰면, '버들가지를 든 관음보살 그림'이라고 해야겠지. 앞으로 내민 관음보살의 손을 보면 버들가지가 보일 거다.

늘보거북　관음보살이 누구예요?

장콩선생　관음보살을 알기 위해서는 보살이 어떤 분인지를 먼저 알아야 된단다. 불교에서 숭배의 대상으로 삼는 불상은 여러 종류가 있단다. 우리가 절에 가면 머리에 아무것도 쓰지 않고 근엄한 표정으로 법당의 중앙에 앉아 계신 분이 있지. 그분은 부처님이란다. 그리고 그 옆에 서거나 앉아 계시는 불상이 보이는데, 만약 그들이 관을 쓰고 있으면 이분들은 부처가 아니고 보살이란다. 보살은 부처가 되기 위하여 수행(修行)하는 자로, 위로는 부처를 통해 진리를 구하고 아래로는 중생을 교

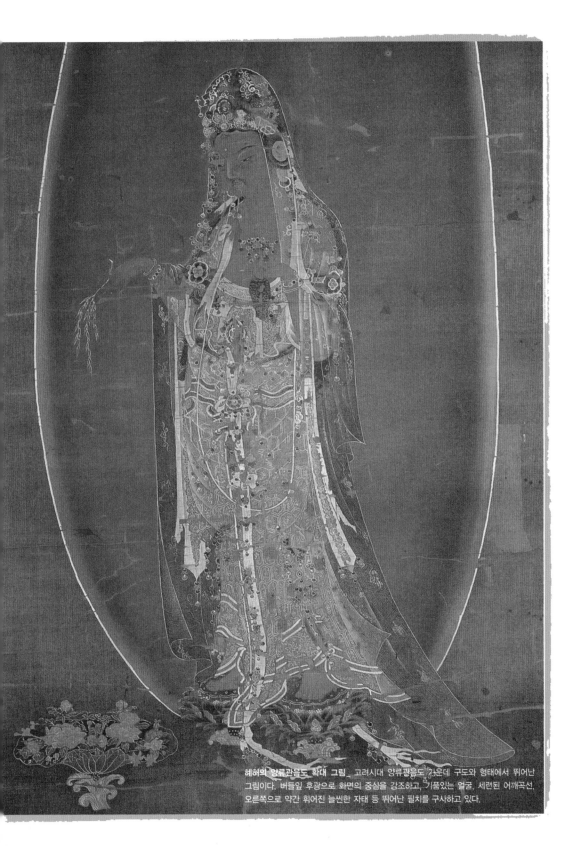

혜허의 양류관음도 확대 그림 고려시대 양류관음도 가운데 구도와 형태에서 뛰어난 그림이다. 버들잎 후광으로 화면의 중심을 강조하고, 기품있는 얼굴, 세련된 어깨곡선, 오른쪽으로 약간 휘어진 늘씬한 자태 등 뛰어난 필치를 구사하고 있다.

화(敎化)하는 일을 담당한단다. 귀하고 자비로운 성격을 표현하기 위하여 몸에 많은 장식을 한 여성상으로 표현되며, 머리에는 보관(寶冠)을 쓰고 화려한 보석 띠와 각종 장신구를 두르고 있단다. 이처럼 장식을 많이 한 이유는 완전한 깨달음을 이룬 자에게는 장식이 필요 없지만, 보살은 아직 그렇지 못하기 때문이란다.

이러한 보살은 하는 일에 따라 관음보살, 문수보살, 보현보살, 대세지보살, 지장보살로 나누어진단다.

여러 보살 중 오늘 우리가 보는 관음보살은 중생이 곤경에 처하여 괴로울 때 이름만 부르면, 그 음성을 듣고 곧바로 달려와 구제해주는 자비심이 많은 보살이란다. 세상의 모든 소리를 살핀다고 해서 관세음보살(觀世音菩薩), 세상 모든 것을 자유자재로 바라보고 보살핀다고 해서 관자재보살(觀自在菩薩)로도 불린단다.

참 치 그런데 그림 속의 관음보살은 왜 버들가지를 들고 있나요. 뭔가 이유가 있을 것 같은데요.

장콩선생 아! 물론 이유가 있지. 그러나 내가 말하기보다는 그림 속의 관음보살에게 직접 물어보자. 관음보살은 중생이 부르기만 하면 바로 달려오니 그림 속의 관음보살도 바로 나올 거다.

우리 함께 관음보살을 불러보자.

보살님, Help me. Come here.

관음보살 왜 불렀나요?

장콩선생 보살님! 안녕하세요. 중생을 구제하러 다니느라 바쁘실 텐데,

귀한 시간을 내주셔서 감사합니다.

묻고 싶은 것이 있어서 불렀습니다.

참　치 보살님은 손에 왜 버들가지를 들고 있나요?

관음보살 제가 하는 일이 무엇이지요?

참　치 어려운 사람들을 자비심을 베풀어 도와주는 일이요.

관음보살 잘 알고 계시네요. 버들가지는 아주 작은 바람에도 흔들거리

지요. 저도 작은 바람에 흔들리는 버들가지처럼 어려운 사람

들의 작은 소원도 귀 기울여 들어주고 도와주려는 마음에서

이렇게 손에 버들가지를 들고 있답니다.

장콩선생 이왕 나오셨으니 저도 몇 가지 질문하겠습니다.

귀고리에 팔찌에 각종 장신구들이 휘황찬란한데, 무얼 그렇게 많이 달고 다니세요.

관음보살 제가 아직 완전한 깨달음을 얻지 못한 상태에서 중생을 구제하다보니, 이처럼 외모에 신경을 쓸 수밖에 없답니다. 허름한 옷을 입고 다니면 누가 저에게 도움을 요청하겠어요.

장콩선생 그렇긴 한데 보살님의 스승이 부처님 맞지요. 부처님은 관도 쓰지 않고 얇은 옷 하나만 걸치고 법당에 앉아 계시는데, 제자인 보살님이 그렇게 요란하게 치장하고 다니면 스승님 얼굴에 먹칠하는 것이 아닙니까?

관음보살 스승님이야 완전한 깨달음을 얻은 사람이라 그리 해도 사람들이 따르지만, 저는 깨달음이 부족하여 이렇게 치장하지 않으면, 사람들이 따르지를 않습니다. 제 최종 꿈이 완전한 깨달음을 얻어 부처가 되는 것인데, 만약 부처가 되면 저도 부처님처럼 꾸미지 않고 살아갈 겁니다.

장콩선생 예, 잘 알겠습니다. 장시간 대화해주셔서 고맙습니다. 앞으로도 어려운 사람들을 많이 구제해주세요.

관음보살 그럼 저는 다시 그림 속으로 들어가렵니다. 휘리릭~~~

장콩선생 어떠냐? 관음보살님과 직접 대화해보니, 보살님의 이모저모에 대해서 자세히 알 수 있지.

늘보거북 예. 그리고 외모가 다가 아니란 생각도 들어요. ㅋㅋ

장콩선생 그럼 이제부터 혜허가 그린 양류관음도의 아름다움에 대해 이야기해보자구나. 그림을 그린 혜허는 양류관음도를 그린 주인공이라는 것 외에 알려진 정보가 전혀 없단다. 그나마 이름이라도 아는 것은 그림에 '해동치납혜허필(海東癡衲慧虛筆)'이라는 필적(筆跡)을 남겨 놓았기 때문이란다. '海東(해동)'은 우리나라를 뜻하고, '癡衲(치납)'은 어리석은 또는 미치광이 중이란 의미니, 결국 '고려의 미치광이 승려 혜허가 그렸다'는 의미란다.

늘보거북 혜허가 정말 미치광이였을까요?

장콩선생 아니, 그건 아니란다. 혜허는 자신을 낮추어서 그렇게 표현했을 뿐이란다. 자신이 숭배의 대상으로 삼는 분의 초상화를 그리면서 자신을 높일 수는 없지 않았겠니?

그림은 가로 62.6cm, 세로 144cm로 비단에 그렸단다. 현재 그림이 보관된 곳은 일본에 있는 센소사(淺草寺)란 절로 언제 그곳으로 넘어갔는지는 아무도 모른단다.

그림을 살펴보렴. 화면 한가운데 버들가지를 든 관음보살이 서 있고 버들잎 모양의 광배(光背)가 관음상 주위를 둘러싸고 있구나. 부드러우면서도 세련된 어깨의 곡선이나 완만한 굴곡을 이루는 신체의 흐름과 함께 오른쪽으로 휘어진 날씬한 자태는 참치 네 말처럼 귀부인의 기품 있는 자태를 연상케 하는구나. 네가 미인도로 착각했을 만도 하구나.

그런데 확대한 그림엔 안 보이지만 처음 보았던 전체 그림의 왼쪽 아래 모서리 부분을 자세히 봐보렴.

뭔가 보이지. 이게 뭘까?

◆광배_ 불상의 뒷부분에 원 또는 타원형으로 그려지는 장식으로 빛을 발하는 부처의 신성(神聖)을 나타낸 것이다.

참   치 어린아이가 두 손을 모으고 기도하고 있어요.

◆『화엄경』_ 불경의 하나로 이웃과의 관계가 어떻게 이루어져야 인간다운 삶을 이룰 수 있는가를 온갖 비유와 이야기를 들어 서술하고 있는 경전

장콩선생 아주 잘 보았구나. 선재동자란다. 선재동자는 『화엄경(華嚴經)』에 나오는 수행자(修行者)로 불법의 진리를 깨닫기 위해

문수보살의 안내를 받아 깨달음을 전해줄 사람들을 만나러 다니는 구도자(求道者)란다. 동자(童子)라고 한 이유는 선재의 모습이 어린아이로 그려지기 때문이란다. 관음도에는 대부분 관음보살상에게 지혜를 구하고 있는 선재동자가 화면의 좌측 하단에 그려져 있단다. 다음에 나오는 '수월관음도'에도 선재동자가 그려져 있단다.

사실 불화는 감상용 그림이 아니라 신앙의 대상으로 숭배하기 위하여 그리는 것이기 때문에, 일정한 형식을 가지고 그려진단다. 고려 후기에 주로 그려지는 관음상만 해도 화가 개인의 창조력에 의해서 그림이 그려지기보다는 일정한 패턴 속에 그림이 그려졌단다.

수월관음도(水月觀音圖)를 살펴보면 관음상의 정형화된 그림 패턴을 알 수 있을 거다. 이 그림은 해외로 유출된 문화재를 되찾아온 몇 안 되는 문화재로, 태평양박물관이 2004년 6월에 일본에서 정식 절차를 거쳐 사들인 것이란다.

수월관음은 남인도에 있는 보타락가산의 바닷가에 거주하는 보살이란다. 그림에서는 버들가지를 꽂은 병과 쌍죽(雙竹)이 솟아 있는 화면상에 기암괴석의 바닷가 바위에 앉아서 법을 구하는 선재동자에게 지혜를 전해주는 모습으로 표현된단다.

수월관음도(보물 1426
호)_ 고려 14세기 중엽,
106.2cm×54.8cm 태
평양 박물관 소장. 고
려 후기의 관음도는
개인의 창조력보다는
일정한 패턴을 따른
다. 그 하나가 선재동
자의 등장이다. 관음
의 내려다보는 눈길
이 닿는 화면 하단에
선재동자가 합장하고
서 있다.

고려 후기 불화의 대부분은 수월관음도인데, 이것들의 대부분은 이와 같이 정형화된 형태로 그려져 있단다. 그런데 혜허가 그린 양류관음도는 이러한 양식에서 탈피하여 독특한 형태의 관음상으로 표현되어 있어서 더 매력적이란다.

다음 시간엔 왕이 그린 그림을 한 점 감상하자구나.

❀수월관음도 부분 그림
_ 네모 속의 선재동자를 확대한 그림이다.

늘보거북 왕이 그림을 그렸어요?

장콩선생 그렇단다. 고려의 왕이 그린 그림이 현재 전해지고 있단다. 그 왕이 누구인지는 작품을 감상하면서 공개하기로 하자. 오늘도 우리 문화유산을 감상하느라고 수고가 많았다.

 미션 명 불상의 이름을 찾아라

다음 불상들의 이름을 보기에서 골라 쓰시오.

보기	부처상	보살상	천왕상	인왕상(금강역사상)

①

②

③

④

▶▶▶ 정답은 229쪽에 있음.

기운찬 생동감이 살아 있는
공민왕의 천산대렵도

장콩선생 일전에 TV에서 「신돈」이라는 역사 드라마를 했는데, 알고 있니?

참   치 예! 알고 있어요. 심심할 때 몇 번 봤어요.

장콩선생 그럼 내가 문제를 낼 테니, 알아맞혀 보렴.
　　　　　신돈을 총애하다가 맘에 안 들어 죽인 임금은 누구일까요?

참   치 공민왕요. 그런데 왜 갑자기 드라마 이야기를 해요?

장콩선생 오늘 감상할 작품이 공민왕이 그린 그림이기 때문이란다.
　　　　　'천산대렵도(天山大獵圖)'로 '獵(렵)' 자가 사냥을 뜻하니,

풀어쓰면 '천산에서 사
냥을 하는 그림'이란다.

참　치 공민왕은 고려 후기 때
원나라의 간섭에 반발하
여 반원 개혁정책을 추
진했던 임금이잖아요.

🦋 드라마 '신돈' 홍보용
그림_ 문화방송.

장콩선생 그래, 맞다. 원의 속국이었던 고려를 자주적 국가로 만들기
위하여 불철주야 노력했던 의지가 굳은 군주였단다. 그런데
공민왕은 우리나라 역대 임금 중에서 둘째가라면 서러워할
정도로 글씨와 그림에 능했던 예술가이기도 하단다. 이제 감
상할 천산대렵도를 보면 그가 얼마나 예술적 재능을 지녔는
지 알 수 있을 거다.

이 그림은 본래 대형 그림이란다. 그런데 전해오는 과정에서
몇 조각으로 분할되어, 현재는 세 조각만 국립중앙박물관에
보존되어 있단다. 따라서 우리가 지금 감상하려는 부분도 장
대하게 그려진 천산대렵도의 일부분으로 전래되어오는 과정
에서 훼손이 많이 되어 그림 상태가 좋지 못하단다.
그럼 그림을 볼까.

◆ 원(元)나라_ 13세기 중
반부터 14세기 중반에
거의 동아시아 전역을
지배한 몽골족의 왕국.

천산대렵도_ 공민왕, 고려 14세기 중엽, 비단에 그린 그림, 24.5cm×21.8cm, 국립중앙박물관 소장. 그림이 너무 낡고, 몹시 훼손되어 필법을 자세히 파악하기는 어려우나 호복(胡服)을 입고 말을 모는 무사의 모습과 북종화(北宗畵)적인 풀의 묘사가 눈에 띈다.

참　　치 어라~ 정말 그림 상태가 안 좋네요.

장콩선생 그나마 이렇게라도 볼 수 있다는 것에 감사해야 한단다.
고구려 무용총에 있는 수렵도처럼 이 그림도 말 탄 사람이 사냥을 하는 장면을 그렸구나. 그런데 고구려의 수렵도와는 약간 차이가 나는구나. 수렵도가 사냥 장면을 묘사했다면, 이 그림은 사냥을 하러 가는 장면을 묘사하고 있구나.

참　　치 무얼 보고 그렇게 판단하세요?

장콩선생 말 탄 사람의 모습을 유심히 살펴보렴. 활 통에 화살이 얌전히 놓여 있으며, 왼손으로는 말고삐를 잡고 오른손으로는 말을 채찍질하면서 앞으로 달려가고 있지 않니? 아마 사냥감을 발견하고 말을 급하게 몰아가고 있는 모습을 그린 것 같구나. 또 제목으로 보아 사냥터가 수풀이 우거진 큰 산이었을 것 같은데, 공민왕은 모든 것을 생략하고 나무와 풀을 간결한 필선으로 앙상하게 그려 '이곳이 산'이라는 정도만 알려주고 있구나. 이렇게 그리면 자칫 그림의 품격이 떨어질 것 같은데, 중심 소재인 말 탄 인물을 튼실하게 그려서 주변의 앙상한 풍경과 조화를 이루게 했구나.

어디 말 탄 사냥꾼만 확대해서 다시 한번 볼까? 말을 우선 살펴보자. 상당히 화려하게 치장을 했구나. 사냥꾼의 신분이 꽤나 높은가 보구나.

늘보거북 공민왕 자신이 아닐까요. 왕이 신하들을 데리고 사냥을 하는 장면을 그린 것 같아요.

천산대렵도 부분 그림 _ 변발을 한 말 탄 무사의 얼굴이 북방 유목민족의 얼굴을 하고 있다. 이는 몽고 풍속의 영향을 받고 있음을 추정케 한다.

장콩선생 그래, 네 말을 듣고 보니 정말 그럴 것 같다는 생각이 드는구나. 말다래의 짙은 청색과 콧등과 겨드랑이에 있는 진홍색 장식

물이 사람의 시선을 끄는구나. 화면 전체가 갈색톤이라 자첫
하면 가라앉은 그림이 되었을 텐데, 짙은 청색과 진홍색이 화
면 전체의 단순성을 깨뜨리며 그림에 활기를 불어넣었구나.
그런데 사냥꾼의 머리가 조금 이상하구나. 대머리인 것 같기
도 하고, 의도적으로 머리를 밀어버린 느낌도 드는구나?

참   치 황비홍 머리 스타일인데요.

장콩선생 아! 그렇구나. 변발을 하고 있구나. 변발이 뭔지는 알겠니?
변발은 유목민족이 주로 하는 머리 모양으로 말을 타고 일을
할 때, 머리가 바람에 날려 일에 방해가 되는 것을 최소화하
기 위하여 앞과 옆머리는 밀어버리고 뒷머리만 길게 땋아서
묶는 스타일이란다. 그리고 보니 얼굴도 우리나라 사람의 얼
굴이기보다는 북방 유목민족의 얼굴이고, 옷도 유목민족이
입는 스타일이구나. 그리고 보니 이 그림은 고려적이기보다
는 원나라 그림의 영향 속에서 그려진 것 같구나.

참   치 이상하네요. 공민왕은 고려사회에 유행하고 있던 몽고 풍속
을 금지할 정도로 반원정책을 강하게 추진했는데, 본인은 정
작 원의 영향에서 탈피하지 못한 것 같네요.

장콩선생 그러게 말이다. 그러나 이렇게 추론할 수 있지 않을까? 공민
왕이 왕이 되기 전에 원나라에 볼모로 잡혀가서 장기간 살았
는데, 그때 그곳의 서화가와 많은 교류를 했고 그들의 영향
속에서 그림을 그리다보니, 그리 되지 않았을까?

늘보거북 아빠! 공민왕은 어떤 사람이었어요?

장콩선생 공민왕은 우리나라 역대 왕 중에서 개혁 성향이 강한 몇 안
되는 군주였단다. 그가 왕위에 오르던 14세기 중반은 몽고족
이 세운 원나라가 고려를 식민지로 삼아 간섭을 하던 시기로
고려의 힘이 날로 쇠퇴해가던 시기였단다. 그런 때에 왕위에
오른 그는 고려의 자주성을 되찾고 국력을 강화하기 위해 각
종 개혁정치를 추진했단다. 그러나 그의 이러한 노력은 당시
집권층이었던 권문세족의 반발 속에 성공하지 못하였고, 자
신의 절대적 후원자이자 버팀목이었던 왕비가 죽자 실의에
빠져 나랏일을 멀리하고 살다가 결국 부하의 손에 암살을 당
하는 비운을 겪었단다.

이 사람에게는 아빠도 질문할 것이 많으니, 우리가 이곳으로
초청해서 그에게 모든 것을 알아보자구나.
자! 공민왕 나오세요.

공 민 왕 아니! 누가 단잠을 자고 있는 나를 불렀나. 이런 무엄한지고.

장콩선생 제가 불렀습니다. 당신의 업적에 대해서 궁금해하는 대한민국 학생이 많아서, 그걸 좀 여쭤보려고 불렀습니다. 우선 당신이 왕위에 올랐던 일부터 이야기해주십시오.

공 민 왕 내가 고려의 왕이 된 것은 1351년이었소. 그때는 고려가 원나라의 간섭을 받고 있던 때로 원나라 임금이 임명장을 줘야 임금을 할 수 있었소. 당시 고려의 왕자들은 원나라에 볼모로 잡혀 있었는데, 나 또한 원에 볼모로 장기간 잡혀 있다가 원나라 임금이 "이제 네 나라로 가서 왕을 해라." 해서 귀국하여 왕위에 올랐소. 지금 생각하면 참으로 한심했던 시절이었지.

장콩선생 그런데 어떻게 해서 반원자주 개혁정치를 추진하게 되었지요?

공 민 왕 내 비록 몽고 놈들이 임금을 시켜줘서 고려왕이 되었지만, 원나라에 있던 젊은 시절부터 맘속에는 고려의 자주성을 되살리려는 의지가 있었소. 그런데 원나라를 보니 부정과 부패로 인하여 곧 있으면 망할 형국이었소. 그래서 나는 '이때가 기회다' 싶어 고려에서 원의 영향력을 없애기 위한 개혁정치를 추진했던 것이오.

🦌 **현릉_** 개성직할시 개풍군 해선리에 있는 고려 제31대 공민왕의 무덤. 북한의 국보급 유적 제39호로 왕비 노국대장공주의 무덤과 함께 있는 쌍무덤이다.

🦌 **공민왕이 직접 쓴 부석사의 무량수전 현판_** 공민왕은 그림뿐만 아니라 글씨에도 재주가 남달랐다.

당시 고려에는 원나라가 내정간섭을 하기 위해 만든 기구인 정동행성이 있었소. 이걸 없애버렸소. 또 원이 우리를 지배하면서 북쪽 국경선에 있는 우리 땅의 일부를 일방적으로 자기네 땅으로 편입하였는데, 나는 군사를 보내 이 땅을 회복하였소. 그리고 원의 간섭으로 바뀐 관제를 복구하고 몽고식 생활풍습들을 일절 금지하였소. 여기에다가 왕의 머리 위에 앉아서 조정을 농락하고 백성들을 괴롭혔던 친원파 세력을 숙청하였소.

장콩선생 반원 개혁정치를 추진할 때 반발은 없던가요? 원에 아부하며 고려 후기를 이끌어간 세력을 대한민국에서는 '권문세족'이라고 부르는데, 혹시 이들이 반발하지 않던가요?

공 민 왕 왜 없었겠소. 대단했지. 그러나 나는 그들의 힘을 약화시키지 않고는 고려가 발전할 수 없다고 판단했소. 그래서 그들의 힘을 약화시키려고 여러 가지 시도를 했는데, 그중 하나가 신돈의 등용이오.

신돈은 개혁에 대한 강한 집념을 가지고 있던 승려로 나는 신돈을 통해서 권문세족의 힘을 약화시키려 했소.

신돈은 처음에 일을 참 잘했소. 전민변정도감이라는 기구를 만들어 권문세족들이 강압적인 방법으로 농민들에게서 빼앗은 토지를 원래의 주인에게 돌려주었으며, 억울하게 노비가 된 자

◆ 전민변정도감_ 고려 후기에 토지 및 노비에 관한 행정을 정비하기 위해 설치하였던 특별기구.

들을 양인으로 해방시키는 등 내 맘에 쏙 들게 일을 잘했소.

장콩선생 그러나 신돈은 왕께서 죽이지 않으셨습니까?

공 민 왕 물론 내가 죽였소. 이놈이 일을 잘해서 내가 오냐오냐 해주었더니, 급기야는 내 상투 끝에서 놀려고 했어요. 그리고 나를 죽이려는 음모까지 꾸몄소. 그런 놈을 어찌 그냥 놔두겠소. 나는 그를 수원으로 귀양 보냈다가 끝내 처형하였소.

장콩선생 이건 왕의 사생활이어서 묻기가 그렇습니다만, 부인인 노국 대장공주에 대해서도 한 말씀 해주시죠?

공 민 왕 무척 현모양처(賢母良妻)였소. 원나라와 전쟁을 하다가 항복을 하여 원나라의 속국이 된 이후, 고려의 왕은 결혼은 무조건 원나라 공주와 해야 했소. 사랑? 미모? 따질 수가 전혀 없었소. 오직 원의 명령만 있었을 뿐이오. 그러니 왕비와 사이가 좋을 수 있겠소. 충렬왕, 충선왕, 충숙왕, 충혜왕, 충목왕, 충정왕, 그리고 나까지 총 7명이 원나라 간섭기 때 임금을 했는데, 나만 빼고 모두 왕비와 사이가 나빴소. 나는 내 아내가 세상 어느 여자보다도 귀엽고 사랑스러웠소. 그녀는 원나라 공주임에도 불구하고 내가 반원정책을 추진하는 것을 방해하지 않고 적극적으로 후원해주었고, 또 내 목숨을 구해준 생명의 은인이었소.

◆홍건적의 난_ 중국에서 이민족 왕조인 원의 지배를 타도하고 한(漢)민족 왕조인 명나라 창건의 계기를 만든 농민반란.

장콩선생 생명의 은인이라뇨?

공 민 왕 모르셨소. 그럼 내가 그 이야기를 조금 해줄 테니 들어보시오. 내가 임금을 할 때 중국에서 한족들이 몽고족의 지배에 반발하여 붉은 두건을 쓰고 반란을 일으켰소. 홍건적의 난이라고 했지. 그런데 이놈들이 우리 고려를 두 번이나 쳐들어왔소. 첫 번째 침입은 어찌어찌해서 막았는데, 두 번째 침입은 막지 못하고 내가 살던 개경이 함락되어버렸소. 나는 부득불 경상도 안동까지 피난을 가야 했소. 이듬해에 난이 평정되어 다시 개경으로 돌아오는데, 하루는 흥왕사라는 절에 머물게 되었소. 이때 나에게 불만을 품은 무리들이 나를 죽이기 위해서 난을 일으켰소. 나는 어찌할 바를 몰라 방안에서 떨고 있었는데, 이런 나를 방문 앞에 버티고 서서 끝까지 보호해준 사람이 바로 노국대장공주였소. 그러니 내가 어찌 그녀를 사랑하지 않을 수 있겠소.

장콩선생 그런데 어쩌다가 말년에 들어서면서 나랏일을 소홀히 하고 불공(佛供)에만 정신을 팔았나요?

공 민 왕 그것 역시 왕비 때문이오. 왕비만 오래 살았더라도 나는 고려의 개혁을 끈기를 가지고 꾸준하게 추진했을 것이오. 그런데 왕비가 아기를 낳다가 난산(難産)으로 죽어버렸소. 나는 아내를 잃은 슬픔을 감당할 수 없었소. 그래서 왕비의 모습을 그려서 벽에 걸어 놓고 밤낮으로 보며 슬픔을 달랬소. 그리고 그녀의 극락왕생을 위해서 부처님께 빌고 또 빌었소. 그러다 보니 나랏일은 뒷전으로 밀릴 수밖에 없었지.

참　치 그럼 왕께서 직접 노국대장공주의 초상화를 그리셨단 말입니까?

공 민 왕 그렇소. 나는 그림 그리기를 좋아했고 또 잘 그렸소. 내가 그린 천산대렵도는 전문가들도 잘 그린 그림이라고 감탄할 정도로 그림에 소질이 있었소. 또한 나는 글씨도 잘 썼소. 언제 기회 있으면 『동문선(東文選)』을 한번 읽어봐요. 거기에 "공민왕이 쓴 큰 글씨는 깊이가 있고 듬직한 맛이 몇 만근의 큰 가마솥을 대하는 듯하다."라고 쓰여 있어요.

장콩선생 그런데 어쩌다가 부하의 손에 죽게 되었나요?

◆「동문선」_ 조선 전기인 15세기 후반에 성종의 명에 의하여 서거정이 편찬한 우리나라 역대 시문(詩文)을 모은 책.

공 민 왕 내가 반원 개혁정치를 펼 때부터 나를 죽이려던 세력이 많이

있었소. 그놈들은 친원파였기에 나의 반원 개혁정책에 불만이 많았소. 그런데 내가 정치에 신경을 쓸 때는 그놈들이 반란을 일으켜도 어떻게든 막아냈는데, 말년에 정치를 소홀히 하면서 그들의 움직임을 눈치 채지 못해 결국 그들과 결탁한 세력에 의해서 암살당하고 말았소. 내 얘기가 도움이 되었소? 이제는 돌아가야겠소. 왕비가 보고싶구려.

장콩선생 하늘나라에서 단잠을 주무시고 계셔야 할 시간에 먼 길을 무릅쓰고 와서 여러 가지 이야기를 들려주셔서 고맙습니다. 이제는 돌아가서도 되겠습니다. 안녕히 가십시오.

참　치 공민왕의 이야기를 듣고 보니, 그에게도 큰 아픔이 있었군요. 그런데 공민왕이 부인이 죽은 후 직접 그렸다는 초상화는 어찌 되었나요?

장콩선생 폭군으로 알려진 연산군이 임금을 하던 시기인 16세기 초반까지는 조선왕실에 보관되어 있었단다. 연산군이 이 그림을 즐겨 봤다는 기록이 전하고 있단다. 그러나 현재는 찾을 수 없단다. 공주의 초상화가 어떻게 사라졌는지는 알 수 없지만, 만약 남아 있었다면 우리나라 역사상 가장 아름다운 미인도 중 하나로 많은 사람의 눈을 즐겁게 했을 것이다. 왜냐하면 그림을 잘 그리기로 소문난 공민왕이 정성을 다해 그린 작품이고, 이 그림을 희대의 난봉꾼인 연산군이 즐겨 보았다는 데서 미루어 짐작할 수 있단다.

서울에 가면 조선시대 임금들의 위패(位牌)를 모셔 놓은 집이 있단다. 세계문화유산으로 지정된 '종묘(宗廟)'라는 건물이지. 이 종묘는 고려를 멸망시키고 조선을 탄생시킨 태조 이성

계 시절에 만들어진 것인데, 태조는 집을 지을 때 공민왕의

신당(神堂)도 함께 만들도록 했단다. 그래서 현재도 종묘 옆

에 딸림 건물처럼 자그마한 신당이 자리 잡고 있는데, 이곳에

는 공민왕과 왕비인 노국대장공주를 함께 그린 영정이 있으

며, 지금도 봄·가을로 제사를 지내고 있단다.

공민왕의 신당_ 장용
준 사진, 서울 종로구
훈정동 종묘에 소재.
태조 이성계는 종묘를
지으면서 공민왕의 신
당도 함께 만들었다.
바로 이 신당 안에 공
민왕과 왕비 노국대장
공주의 영정이 있다.

 미션 명 ◇ **그림의 특징을 포착하라**

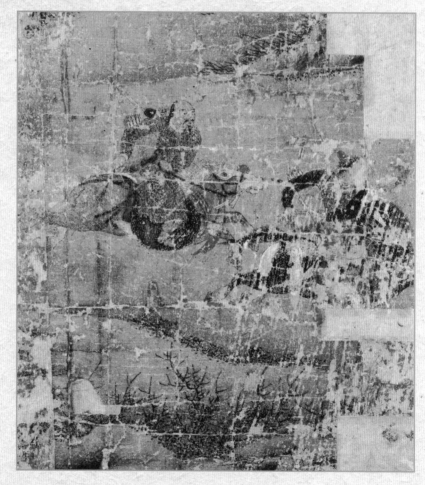

옆의 그림은 공민왕이 그린 천산대렵도입니다. 전문가들은 이 그림을
원나라 때 북화의 영향을 받은 그림이라고 말합니다. 도대체 무엇을
보고 전문가들은 원의 영향을 받았다고 주장할까요? 역사탐정이 되어
그림 속에서 원나라적 요소를 찾아봅시다.

①

②

③

▶ ▶ ▶ 정답은 229쪽에 있음.

2부
옛 그림 속의 멋과 향기

안평대군의 꿈 이야기가 숨어 있는
안견의 몽유도원도

장콩선생 내가 시를 한 편 읊을 테니 들어보렴.

내가 왜 푸른 산에 사느냐고 묻지만 (問余何事樓碧山)

빙긋 웃고 답 안하니 마음 절로 한가롭다. (笑而不答心自閑)

복사꽃잎 떠 흐르는 물길 아득하게 멀어지니 (桃花流水杳然去)

이곳은 별천지요 사람 세상이 아니로다. (別有天地非人間)

참   치 신선이 사는 세상을 노래한 시로군요. 뭔가 우리가 살고 있는

세상과 다르게 평화롭고 아득함이 느껴져요.

참 아름다운 시 같아요.

장콩선생 그렇단다. 중국 당나라의 유명한 시인 이태백(701~762)의 시 '산중문답(山中問答)'으로 자신이 살고 있는 깊은 산골을 신선이 사는 무릉도원(武陵桃源)에 빗대어 노래한 시란다.

놀보거북 아빠! 신선이 사는 무릉도원은 어떻게 생겼어요?

장콩선생 현실세계에서는 찾을 수 없고, 인간의 맘속에 자리 잡고 있는 꿈결같은 이상향(理想鄕)이기에 구체적으로 설명할 수는 없단다. 다만 오늘 우리가 감상할 그림을 보면, 옛날 사람들이 무릉도원을 어떻게 표현했는지 알 수 있단다.

바로 조선 전기를 대표하는 화가인 안견의 '몽유도원도(夢遊桃園圖)'란다. 우리말로 풀어쓰면 '꿈에서 놀던 복숭아밭을 그린 그림'이라고 할 수 있겠지. '도원(桃園)'은 신선이 산다는 이상세계로, 안견이 세종의 셋째 아들인 안평대군의 꿈 이야기를 바탕으로 3일 동안 심혈을 기울여 제작했단다. 너희들 활짝 핀 복숭아꽃 봤지? 그런 복숭아나무 가득한 벌판을 상상해보렴. 아름다울 것 같지 않니?

자, 다음의 그림이 '몽유도원도'란다. 오늘은 참치가 방송국 기자가 되어 안평대군과 안견을 만나 인터뷰를 해서, 그림을 제작한 경위와 내용을 전국의 많은 친구들에게 소개해주자.

◆이태백_ 이백이라고도 함. 두보와 함께 '이두(李杜)'로 불리는 중국 최대의 시인이며, 시선(詩仙)이라 불린다. 산중문답은 『이태백문집』에 실려 있는 것으로 속세를 벗어나 한가로이 자연 속에 묻혀 있는 모습을 노래하고 있다.

◆무릉도원_ 중국 도연명의 산문 『도화원기』에 기술된 선경으로 세상과 따로 떨어진 별천지를 비유함.

몽유도원도_ 안견, 조선 1447년, 비단 바탕에 먹과 채색, 38.7cm×106.5cm, 일본 텐리대학 소장. 안평대군이 꿈에 나타난 도원에서 노닌 광경을 안견에게 그리도록 한 것으로 왼쪽 하단에서 오른쪽 상단으로 전개되는 그림의 줄거리는 오른쪽에서 왼쪽으로 읽는 두루마리 그림의 일반적인 방식과 차별성을 지닌다.

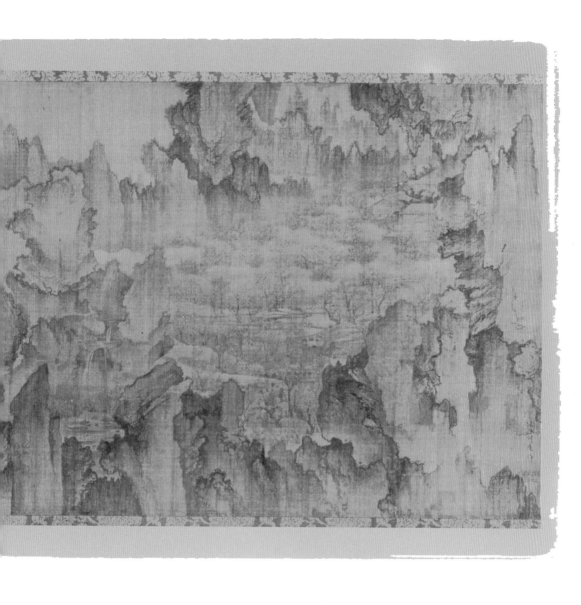

참　　치 그럼 제가 타임머신을 타고 후딱 댕겨오겠습니다. 필승!!!

씽~~~~~~~~~~~~

전국에 계신 친구 여러분 안녕하십니까? 저는 지금 1447년 서울에 타임머신을 타고 왔습니다. 제가 이곳에 온 이유는 몽유도원도를 그린 안견 화백과 그의 절대적 후원자인 안평대군을 인터뷰하기 위해서입니다.

먼저 자기소개를 해주시죠.

안평대군 에헴. 나는 안평대군(安平大君, 1418~1453)이오. 자는 청지(淸之), 호는 비해당(匪懈堂)이라 하오. 내 아버지인 세종대왕께서 '편안하고 무사해라' 는 뜻에서 '안평(安平)' 이라 이름을 지어주셨고, 너무 게으르게 행동해서는 안 된다는 의미에서 '비해당' 이란 호를 특별히 하사하셨소. 비해당은 『시경』에 나와 있는 "새벽부터 밤늦도록 게을리 하지 않고 임금을 섬긴다(夙夜匪懈 以事一人)." 에서 따온 것이오.

나는 어려서부터 문학과 예술을 좋아하여 시(詩), 서(書), 화(畵)에 모두 능했는데, 특히 내 글씨는 타의 추종을 불허(不許)할 정도로 명필이오. 내 취미는 중국 서화가들의 글씨나 그림 수집으로 오랜 기간 꾸준하게 모았기에 중국의 명품 서

◆안평대군_ 세종의 셋째 아들로 시·서·화에 모두 능했으나, 특히 글씨에 뛰어나 당대의 명필로 손꼽혔다. 바로 위의 형인 수양대군과 대립하다가 수양대군이 단종을 쫓아내고 왕위에 오른 쿠데타(계유정란, 1453)로 죽임을 당하였다.

화들이 우리 집에 많이 있소. 안견이 '몽유도원도'와 같은 훌륭한 그림을 그리게 된 배경도 내가 수집한 중국의 유명 화가 작품들을 자유롭게 감상하면서 안목을 높였기 때문이오.

안 견 여러분 안녕하세요. 저는 안견(安堅)입니다. 호는 현동자(玄洞子), 또는 주경(朱耕)이라고 합니다. 현동자는 '그윽한 골짝에서 사는 이'라는 뜻으로 산 좋고 물 맑은 심산유곡에서 자유롭게 살아가고자 하는 뜻에서 지었습니다. 주경은 '인주로 짓는 농사'라는 뜻으로 제 직업이 그림 그리는 화가여서 저한테는 딱 맞는 호죠.

제가 제 자랑을 해서 조금 쑥스럽습니다만, 조선 팔도에서 저보다 그림 잘 그리는 사람은 없다고 자부합니다. 그리고 이것은 우리나라 최고의 풍류가이자 그림 감식가인 안평대군이 보장해줄 겁니다. 제가 이번에 그린 그림인 몽유도원도를 보면, 저의 그림 실력을 확실히 아실 겁니다.

참 치 아! 그렇습니까? 안평대군에게 묻겠습니다. 이번에 그린 몽유도원도는 대군의 꿈이 그림으로 그려진 경우라는데, 어떤 꿈인지 이야기해주실 수 있겠습니까?

*안견_ 자는 가도(可度), 호는 현동자(玄洞子)·주경(朱耕). 도화서의 화원 출신. 북송(北宋) 때의 화가 곽희(郭熙)의 화풍을 바탕으로 여러 화가의 장점을 절충, 많은 명작을 남겼는데 특히 산수화에 뛰어났고 초상화·사군자에도 능했다.

◆ 박팽년_ 자는 인수(仁叟), 호는 취금헌(醉琴軒), 시호는 충정(忠正). 세종에게 총애를 받은 집현전의 학사 출신으로 계유정란으로 집권한 세조 때 단종 복위 운동을 벌이다 발각되어 처형되었다. 사육신 중의 한 사람으로 현재 그의 묘가 서울 노량진 사육신묘역에 있다.

안평대군 시대를 건너뛰어서 여기까지 왔는데, 당연히 이야기해줘야지요. 그러니까 4월 20일 밤이었소. 내가 베개를 베고 누웠는데, 정신이 갑자기 혼미해지며, 깊은 잠이 들어 꿈을 꾸게 되었소. 문득 보니 박팽년(朴彭年, 1417~1456)과 함께 어느 산 아래에 다다랐는데, 겹친 봉우리는 험준하고 골짜기는 깊고 그윽하였소.

골짜기에 들어서려고 앞을 보니, 두 갈래 길이 보였소. 어디로 갈지 몰라 서성이고 있는데, 허름한 옷을 입은 사람이 나타나 "이 길을 따라 북쪽 골짜기로 들어서면 바로 도원입니다." 하지 않겠소. 박팽년과 내가 말을 채찍질하여 찾아가는데, 기암절벽 사이로 놓인 길은 위험천만이었소. 안개는 자욱하지, 좁은 길은 구불구불하지, 곧 길을 잃을 것만 같았소. 그래도 꾹 참고 조금 더 나아갔더니, 갑자기 사방이 확 트이며 복사꽃 만발한 도원이 보이지 않겠소. 나무 사이로 저 멀리 집이 보이기에 내려갔더니, 사립문은 반쯤 닫혀 있고 흙담은 이미 무너졌으며 인기척이 전혀 없었소. 앞 냇가에 조각배가 있었지만 물결을 따라 흔들거릴 뿐, 그 정경의 스산함이 마치 신선이 사는 곳 같았소.

도원을 둘러보다가 박팽년에게 "이곳이 바로 무릉도원일세!"

하는데, 뒤에 인기척이 있어서 돌아보니 최항과 신숙주(1417~1475)가 서 있지 않겠소? 그래서 그들과 함께 이곳저곳을 두루 구경하다가 홀연히 꿈에서 깨고 말았다오. 내 이 꿈을 영원히 간직하고 싶어서, 자리에서 일어서자마자 안견을 불러다가 꿈 이야기를 하고 그것을 그림으로 그리도록 한 것이오.

◆신숙주 _ 조선 전기의 학자이자 문신. 뛰어난 학식과 문재(文才)로서 6대 왕을 섬기며 특히 세종의 총애를 가장 많이 받았다. 수양대군의 왕위찬탈에 가담하여 후세에 비난을 받았다.

참 치 아, 그렇군요. 그렇다면 이제는 안견 화백에게 여쭤봐야겠군요. 안평대군의 꿈 이야기를 그림으로 어떻게 표현했나요?

안 견 제가 대군에게서 꿈 이야기를 들어보니 장대한 교향시 한 편을 감상한 기분이었습니다. 그래서 저는 이것을 어떻게 화면에 펼쳐낼까 고민하다가, 1m가 넘는 비단(38.7cm×106.5cm)에 안평대군의 꿈 이야기를 고스란히 담았습니다.

참 치 아, 그래요. 학생들의 이해를 돕기 위하여 그림의 내용에 대해서도 이야기해주셨으면 합니다.

안 견 이 그림은 안평대군이 꾼 꿈의 흐름대로 왼쪽에서 오른쪽으로 그려졌습니다. 따라서 안평대군의 꿈을 생각하면서, 눈의 초점을 왼쪽 아래에서 오른쪽 윗부분까지 대각선으로 이동하면서 살펴보면 흥미진진하게 그림 감상을 할 수 있을 겁니다.

현실세계

길

선계로 들어가는 입구

길

그림의 맨 왼쪽 아랫부분을 봐보세요.

일반 산수화에서 흔히 보이는 풍경입니다. 낮은 산자락에 나무 몇 그루 서 있고, 뒤쪽에 높은 산이 중첩(重疊)되어 있습니다. 산들이 우리 주변에서 쉽게 볼 수 있는 모습이지요.

바로 우리가 사는 현실세계를 표현한 것입니다.

오른쪽으로 약간 이동하면, 갑자기 기암괴석들이 화면을 가득 채우고 있습니다.

폭포

길

🔖 몽유도원도 부분 그림
_ 현실세계에서 도원
으로 들어가는 길. 절
벽과 절벽 사이가 좁
고 구불구불하다.

아래쪽에 오솔길이 보이지요. 현실세계에서 도원이 있는 선
계(仙界)로 들어가는 입구입니다. 안평대군과 박팽년은 바로
이 지점에서 초라한 행색을 한 사람을 만나 도원으로 들어가
는 길안내를 받았을 겁니다.

길들을 한번 보십시오. 절벽과 절벽 사이에 좁은 길이 구절양
장(九折羊腸)처럼 놓여 있습니다. 현실세계에서는 이런 길을

◆ 구절양장_ 양의 창자처
럼 꼬불꼬불하고 험함.

찾기가 쉽지 않지만, 선계로 들어가는 길이니 이 정도의 신비함은 가지고 있어야겠지요. 안개가 자욱하여 군데군데 길이 안 보이기도 합니다.

아무튼 두 사람은 도원을 보기 위해서 울울창창한 나무숲도 지나고 절벽 위의 꼬부랑길도 지나면서 한참을 나아갑니다.

선계로 가는데 그래도 경관 좋은 폭포 하나는 있어야겠지요. 도원 입구에 폭포를 배치하였습니다. 시원한 폭포 물줄기가 잘 표현되어 있지요? 두 사람은 이곳에서 잠시 쉬며 불안한 마음들을 진정시켰을 겁니다.

폭포 위에 오솔길이 나 있습니다. 두 사람은 언제 도원이 나오려나 생각하며 고갯마루에 올라섰습니다. 아래를 내려다보니 복사꽃이 만발한 도원이 보입니다. 가슴이 확 트이면서 이곳이 선계임을 실감할 수 있었을 겁니다.

도원의 내부는 안평대군이 꿈속에서 본 그대로 그렸습니다. 기암괴석으로 둘러쳐진 분지 안을 복사꽃으로 장식하였고, 북쪽 산자락에 세 채의 집을 배치하였습니다.
눈이 밝은 사람만 보이겠지만, 굽은 나무가 있는 개울가에는

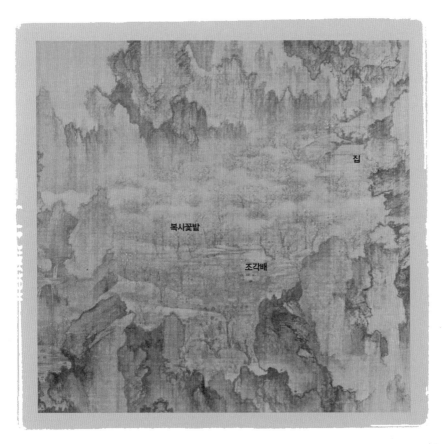

복사꽃밭

조각배

집

몽유도원도 부분 그림
_ 복사꽃 만발한 도원의 세계. 이 부분만 부감법을 사용하여 위에서 보는 효과를 내고 있다.

조각배도 한 척 그려 놨습니다.

참   치 예, 아주 잘 들었습니다. 두 분 모두 인터뷰에 응해주셔서 감사합니다. 대한민국의 학생들이 몽유도원도를 감상하는 데 많은 도움이 되겠습니다. 이상 1447년 서울에서의 인터뷰를 마치겠습니다. 그럼 저는 임무를 마치고, 가족이 있는 현대로 다시 넘어가겠습니다. 휘릭~~ 쑹, 쑹쑹.

장콩선생 무사 귀환을 축하한다. 너로 인해 많은 학생이 몽유도원도를 실감나게 감상할 수 있었구나. 안견이 말한 것처럼 몽유도원도는 현재 우리가 살고 있는 현실의 모습과 우리 마음속에 이상향으로 존재하는 무릉도원의 모습을 한 화면 속에 절묘하게 결합시킨 작품이란다.

그런데 이 그림에는 또 하나의 이야깃거리가 숨어 있단다. 그림을 다시 한번 살펴보렴. 현실의 세계에서 기암절벽이 끝나는 곳까지는 정면에서 바라보는 시각으로 그림이 그려졌단다. 그런데 오른쪽에 있는 도원은 높은 산 위에서 아래를 내려보는 시점으로 표현했단다. 이른바 부감법(俯瞰法)을 사용하여 표현한 것이지. 이 그림이 가지고 있는 또 하나의 독특함이지.

늘보거북 왜 그렇게 표현했을까요?

장콩선생 도원의 풍경을 정면에서 바라보는 시각으로 그렸다고 생각해 봐라. 기암괴석으로 둘러쳐진 도원 풍경이 제대로 보여졌겠니?

◆**부감법 _** 전통 미술의 표현 방법 중 하나. 높은 곳에서 아래를 내려다보는 시각으로 표현하는 방법으로, 새가 높이 날아 아래를 내려다보는 것같이 표현한다고 하여 조감법(鳥瞰法)이라고도 한다.

참　치 아뇨? 당연히 지금과는 다른 모습이었겠죠.

장콩선생 산 아래서 주변을 보는 것과 산 정상에서 내려다보며 주변을 보는 것 중 어느 것이 더 넓고 여유 있게 볼 수 있겠니?

참　치 당연히 산 정상에서 보는 풍경이죠.

장콩선생 바로 거기에 이유가 있다. 안견은 이 그림의 주제가 도원이라
는 것을 확실히 알고 있었기에, 도원의 전체 풍경을 볼 수 있
게 부감법을 써서 그림을 그린 것이란다.

늘보거북 아빠! 이 정도의 그림이라면 당연히 국보로 지정되었을 것 같
은데, 국보 몇 호예요?

장콩선생 아쉽게도 몽유도원도는 우리나라에 없단다. 현재 일본의 텐
리대학(天理大學) 중앙도서관에 보관되어 있단다. 언제 어
떤 경로로 일본에 넘어갔는지는 확인할 수 없지만, 정황상
으로 임진왜란 때 갔을 것이라고 생각하는 사람이 많단다.
이렇게 소중한 우리 문화유산이 자국을 떠나 타국에 있다는
사실이 안타깝지만 머지않아 꼭 되찾아오리라는 희망을 가
져보자구나.
텐리대학에 보관된 몽유도원도는 현재 상·하 두 개의 두루
마리로 되어 있는데, 상권이 8.75m, 하권이 11.12m로 총연장
20여 미터나 되는 대작이란다.

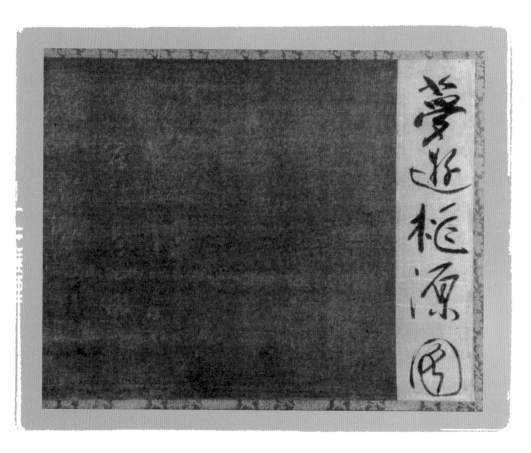

참　치 아니, 아까 인터뷰할 때 안견은 1m가 조금 넘는다고 했는데, 왜 아빠는 20m 정도라고 하세요.

장콩선생 안견은 그림 자체의 크기를 말한 것이고, 나는 몽유도원도와 그에 딸린 각종 시문(詩文)을 포함하여 말한 것이란다.

몽유도원도는 그림만으로도 유명하지만, 이 작품을 더 값지게 만들어준 것은 당대의 문장가들이 그림을 감상하고 느낀 점을 시문(詩文)으로 적어 놨기 때문이란다.

안평대군은 그림이 얼마나 맘에 들었던지 그림을 그리게 된 연유를 적은 장문의 글을 그림 옆에 실었고, 제작된 지 3년이 지난 1450년에는 그림을 감상하면서 옛 감회에 젖어 다시 시를 지어 그림 앞쪽에 붙여 놨단다.

이 세상 어느 곳이 꿈에 본 도원인가
은자(隱者)의 옷차림이 아직도 눈에 선하구나.
그림으로 두고 보니 참으로 좋을시고
자부하건대, 수천 년을 전해지리라.

또 이 그림을 감상한 당대의 문장가 21인은 자필로 쓴 감상평을 시문으로 지어 그림의 품격을 한층 높여주었단다. 안평대군의 꿈속에 등장한 박팽년, 신숙주를 비롯하여 우리가 잘 아는 성삼문, 김종서, 서거정, 정인지 등의 친필 시문은 가히 눈이 부실 지경이란다.

따라서 몽유도원도는 조선 전기의 회화를 대표하는 천하의 보배일 뿐만 아니라, 조선 전기 서예사를 연구하는 데도 없어서는 안 될 소중한 문화유산이란다.

 미션 명 ◇ **숨은 그림을 찾아 이야기를 만들어보라**

다음 그림은 조선 전기를 대표하는 화가인 안견이 그린 몽유도원도입니다. 역사탐정이 되어 보기에서 제시하고 있는 것을 그림 속에서 찾아 이야기를 만들어보시오.

▶▶▶ 정답은 229쪽에 있음.

어진 선비의 고매한 인품이 담긴
강희안의 고사관수도

장콩선생 이 그림 알겠니?

참　치 예, 본 적이 있어요.

◆강희안_ 자는 경우(景遇), 호는 인재(仁齋). 성품이 청렴하고 소박하여 출세에 연연해하지 않았다. 시·그림·글씨에 뛰어나 세종 때의 안견·최경 등과 더불어 3절(三絕)이라 불렸다. 문집에 「양화소록(養花小錄)」이 있으며, 그림으로 '고사관수도'·'산수인물도'·'강호한거도' 등이 전하는데, 산수화·인물화 등 모든 부문에 뛰어났다.

장콩선생 조선시대 선비인 강희안(姜希顔, 1417~1464)이 그린 '고사관수도(高士觀水圖)'란다. 풀어쓰면 '고매한 인품을 지닌 선비가 물을 지긋이 바라보고 있는 그림' 정도로 해석할 수 있겠지? 전 시간에 보았던 몽유도원도와 비교해서 어떤 느낌이 드니?

참　치 몽유도원도는 전체적인 느낌이 장엄하면서도 세부적으로 보면 무척 섬세하고 화면 구성 자체가 액자 속에 있는 듯 꽉 짜

고사관수도_ 강희안, 조선 15세기 중엽, 종이에 수묵, 23.4cm×15.7cm, 국립중앙박물관 소장. 고사관수도란 고결한 선비가 물을 보고 있
는 모습을 담은 그림이란 뜻으로 필치가 활달하고 세련되어 사대부의 기품이 드러난다.

여 있었는데, 이 그림은 그와 정반대로 조금 거친 듯하면서도 그림에 여유가 담겨 있어요.

장콩선생 잘 보았구나.

안견은 도화서(圖畵署) 출신의 전문 화가였단다. 그러다 보니 그림 속에 자신의 자의식(自意識)을 담아내기보다는 탄탄한 그림 실력을 바탕으로 그림을 필요로 하는 사람의 요구에 맞춰 그림을 그릴 수밖에 없었단다.

그에 반하여 강희안은 선비였단다. 조선시대 선비가 자신의 심신을 수양하기 위한 방편으로 그리는 그림을 '문인화'라고 했는데, 문인화는 화원이 그리는 그림과는 많이 달랐단다. 즉, 사물의 형태를 꼼꼼하게 있는 그대로 그리기보다는 자기가 마음속에 품고 있는 사상이나 느낌을 표출(表出)하는 수단으로 그림을 이용하였단다. 또한 이들에게 그림은 예술작품이기보다는 마음을 갈고 닦는 인격 수양의 한 방법이었단다. 따라서 강희안과 같은 선비 화가는 그림을 얼마나 잘 그렸나에 관심을 두기보다는 얼마나 격조(格調) 있게 그렸는가를 더 중시하였단다. 그래서 고사관수도와 같은 그림이 그려지게 된 거란다.

참   치 아하! 그러니까 강희안은 붓을 세밀히 쓰지 않고 간략하면서도 호방하게 써서 자신의 느긋하면서도 호탕한 마음 상태를 은연중에 드러냈군요.

장콩선생 그렇다고 할 수 있지. 그럼 본격적으로 그림을 감상해보자.

그림을 좀더 확대해볼까.

한 선비가 너럭바위에 몸을 파묻고 두 팔에 의지하여 흐르는 물

을 느긋하게 바라보고 있구나. 뒤에는 깎아지른 듯한 절벽이 있

고, 머리 위에는 덩굴 몇 가닥이 산들바람에 흔들리고 있구나.

선비의 얼굴을 보니 혼탁한 세상일에서 빠져나와 자연과 벗

삼아 살아가는 은둔자(隱遁者)의 여유자적이 그대로 담겨 있

🐾 **고사관수도 부분 그림**
_ 선비의 모습에서
인간세상을 초월하여
자연과 벗삼아 살아
가는 은둔자적인 여
유로움이 느껴진다.
신선의 모습이 아니
고 무엇이겠는가.

구나. 이목구비를 진한 먹으로 대충 쳐서 그려 놓았지만, 웃음기 가득한 두 눈에는 장난기 좋아하는 동자의 모습이 담겨 있고, 납작한 코와 스마일 마크의 입마냥 미소 띤 입에서는 노인네의 여유가 그대로 묻어나오는구나. 옛 그림을 보면 그린 사람의 성품을 알 수 있다고 하던데, 이 그림으로 보아 강희안은 무척 너그러운 사람이었을 것 같구나.

참   치 정말 그래요. 강희안은 무척 인자했던 선비였을 것 같아요.

장콩선생 실제로 강희안은 너그럽고 덕망이 높은 선비였단다. 그는 화려한 것보다는 고상한 것을 좇았으며, 번거로운 것을 싫어하고 편안하고 평화로운 것을 즐겼으며, 화초 가꾸는 것을 무척 좋아했단다. 어찌 보면 그림 속의 선비가 딱 강희안이었지.

참   치 제가 어떤 책을 보니까 강희안이 그림을 잘 그렸기에 많은 사람들이 그의 그림을 갖기를 원했지만, 그는 그림은 천한 기술이라고 하면서 청을 거절했다고 하던데, 그게 정말인가요?

장콩선생 정말이란다. 조선의 사대부들은 그림을 잡기(雜技)라 하여, 그림에 소질이 있어도 드러내 놓고 자랑하기를 꺼렸단다. 그래서 강희안은 자신의 그림 솜씨를 자랑하기보다는 오히려 부끄럽게 생각하여 "그림은 천한 기술일 따름인데, 후세까지 전해지면 이름만 욕되게 할 뿐이다." 하면서 청이 들어와도 끝내 거절했단다.

늘보거북 이상하네요. 그림을 잘 그리고 또 그리기를 좋아하면서도 남이 그려달라고 하면 안 그려줬다니. 저 같으면 마구 뽐낼 텐데요. 사람들이 욕하지 않았을까요?

장콩선생 아마 그렇지는 않았을 것이다. 다른 사람들의 청을 모두 들어줬다면, 그의 사람됨이 천박하다고 하면서 오히려 많은 사람들이 비난했을 것이다. 조선은 성리학을 공부한 사대부들이 나라를 이끌어갔단다. 그런데 사대부들은 자신들이 공부하는 성리학 이외의 타 학문을 모두 배척했단다. 특히 기술이나 예능은 잡것이라 해서 선비들이 해서는 안 될 일로 생각했단다. 이런 상황 속에서 선비인 강희안이 남들의 부탁을 들어준답시고 그림을 자주 그렸다면, 아마도 "공부는 하지 않고 그림이나 그리는 환쟁이"라고 비난들을 했을 것이다.

참   치 그렇더라도 그는 정말 그림 그리기를 좋아했다고 하던데요.

장콩선생 정말 그랬단다. 그가 쓴 글 속에 "틈틈이 그린 그림과 글씨가

◆성리학_ 중국 송·명대에 성했던 유학의 한 계통. 성명(性命)과 이기(理氣)의 관계를 논한 유교철학으로 남송의 주희가 집대성하였음. 도학(道學)·주자학이라고도 한다.

 산수도 _ 강희안, 조선
15세기, 일본 도쿄 국립
박물관 소장. 강희안 같
은 사대부들이 그린 문인
화는 전문 화원들의 그림
과는 달랐다. 이들에게
그림은 예술품이라기보
다는 인격수양의 한 방법
이었다.

◆서거정_ 자는 강중(剛中), 호는 사가정(四佳亭), 시호는 문충(文忠). 문장과 글씨에 능하였고, 저서로 우리나라 역대 시가를 모아 놓은 『동문선(東文選)』이 있다.

책상 위에 무덤을 이룰 정도"라고 나와 있고, 그와 절친했던 서거정(徐居正, 1420~1488)의 글에도 "그는 붓과 먹으로 종이에 그림 그리기를 좋아했다."고 쓰여 있단다. 이로 보았을 때 그는 선천적으로 그림 그리기를 좋아했고, 또 잘도 그렸지만, 시대 분위기가 그에게 그림 솜씨를 발휘할 기회를 박탈(剝脫)했다고 해야겠구나.

현재 고사관수도는 국립중앙박물관에 전시되어 있단다. 그런데 사진으로만 보다가 직접 현장에 가서 실물을 보면 두 가지 면에서 놀란단다. 일단은 그림의 크기가 너무 작아서 놀라고, 둘째는 그림에도 불구하고 큰 그림으로 착각했던 데 대해서 놀란단다.

늘보거북 크기가 어느 정도 되는데요.

장콩선생 교과서 크기보다 약간 작단다.

참   치 어 정말요. 의외네요. 그런데 왜 크게 느껴질까요?

장콩선생 붓에 먹을 듬뿍 묻혀서 일필휘지로 거리낌없이 그려나간 그의 대담성이 그림을 실제보다 크게 보이게 하기 때문이란다. 강희안 그림이 갖는 특징 중의 하나지.

 미션 명 ◇ 그림 속 인물의 생각을 알아내라

다음 그림은 강희안의 고사관수도입니다. 세상일에서 벗어나 자연과

벗삼아 살아가는 은둔자의 여유자적이 그대로 묻어나고 있네요. 그림

속의 선비는 지금 무슨 생각을 하고 있을까요? 선비가 하고 있음직한

생각을 말풍선에 넣어봅시다.

▶▶▶ 정답은 230쪽에 있음.

선화의 백미
김명국의 달마도

장콩선생 인도에서 건너와 중국에서 선종불교(禪宗佛敎)를 만든 사람
이 있단다. 누굴까?

참 치 예, 저도 알아요. 달마대사요.

장콩선생 그래 맞다. 그는 인도 사람인데, 6세기 전반에 중국으로 건너
와 소림사에 살면서 9년간 벽만 쳐다보고 수행을 하면서 참
선을 위주로 하는 종파인 선종을 창시했단다. 사실 소림사 권
법도 달마가 참선 수행의 한 방편으로 사용했던 것이 무술로
발전한 것이란다.

늘보거북 아빠! 선종불교가 뭐예요?

장콩선생 달마가 선종을 창시하기 전에
중국에서는 석가모니의 가르침이
적힌 경전(經典)에 의거하여 깨달음에 다가서려는 교종
불교가 유행했단다. 그런데 달마는 경전 속의 복잡한 교리
(敎理)를 떠나서 참선을 통하여 깨달음을 얻을 것을 주장하
였단다. 다시 말해서 달마의 주장은 석가모니가 "언제부터
책을 통해서 깨달음을 얻었느냐?"는 거지. 그렇지는 않았다
는 거야. 따라서 부처가 되려면 석가모니가 수행했던 것처럼
참선을 통하여 깨우쳐야 된다는 것이지.
이러한 선종의 특징을 잘 보여주는 이야기가 하나 있단다.
중국 선종의 6대 계승자였던 혜능선사(638~713)는 일자무식 까
막눈이었단다. 그런 혜능에게 박식한 학자가 불경을 들고 와서
물었단다.
"스님, 이 부분을 이해할 수 없습니다. 가르침을 주십시오."
혜능이 뭐라고 했을까?

◆혜능_ 중국 당나라의
승려. 중국 선종의 제6
조로서 육조대사라고도
한다. 신수와 더불어 홍
인문하의 2대선사로서,
후세에 신수의 계통을
받은 사람을 북종선(北
宗禪), 혜능 계통을 남
종선(南宗禪)이라고 함.

늘보거북 당연히 가르쳐줬겠죠.

장콩선생 어떻게? 책을 못 읽는데? 혜능은 당당하게 대답했단다.

"나는 글자를 모르니, 자네가 그 부분을 읽어보게. 그러면 내가 가르쳐주겠네."

학자가 하도 어이가 없어서 다시 물었단다.

"아니 스님은 글자도 모른다면서 어떻게 그 뜻을 가르쳐준단 말입니까?"

그때 혜능이 하늘에 뜬 달을 손가락으로 가리키면서 담담하게 말했단다.

"저기를 보게."

학자는 혜능의 손가락 끝을 쳐다봤단다.

그때 혜능이 학자에게 말했단다.

"자네는 달을 가리키면 달을 보아야지, 손가락 끝은 왜 보나?"

학자는 어안이 벙벙해져 할 말을 잃었단다.

참　　치 이 이야기가 선종불교와 무슨 연관이 있어요?

장콩선생 아직도 이해가 안 되었구나. 혜능은 진리(眞理) 그 자체를 달에 비유했고 진리를 담은 경전을 손가락에 비유했단다. 즉, 혜능이 취했던 행동은, 진리 그 자체는 팽개치고 경전만 탐독하려는 어리석은 학자에게 깨달음을 얻으려면 경전에 얽매이지 말고 참선을 하라는 깨우침을 주기 위한 것이었단다.

이처럼 선종은 불경 공부보다는 참선을 통하여 자신이 몸소 깨달음을 얻을 것을 강조했단다.

그런데 참치와 늘보는 달마대사가 어떻게 생겼는지 한 번이라도 본 적이 있냐?

참　치　예, 자주 봤어요. 절 앞에 있는 기념품 가게에서도 보고, 홈쇼핑에서도 봤어요. 그림 속에도 자주 나온 것 같구요.

늘보거북　저는 못 봤어요. 궁금한데요.

장콩선생　그럼 오늘 가장 멋들어지게 생긴 달마를 보여주겠다. 아빠가 생각하기에는 세계에서 가장 달마답게 생긴 달마란다. 오늘 감상할 그림이 바로 달마를 그린 그림이거든.

일반인들에게는 잘 알려지지 않은 화가지만, 달마 하나는 똑소리 나게 그린 조선 후기 화가 김명국(金明國)의 작품, '달마도'란다.

아빠가 우리나라 옛 그림 중에서 가장 좋아하는 그림이란다. 활달한 필치로 아무 거리낌없이 먹을 듬뿍 묻혀 쭉쭉 그어 내린 몇 가닥 선으로 달마의 담백한 이미지를 표현하고, 얼굴 묘사는 옅은 먹으로 빠르게 그려, 그의 이국적 풍모와 깊은 정신세계를 인상 깊게 형상화하였단다.

자, 다들 달마도를 잠시 감상해보렴. 어떠냐?

◆김명국 _ 조선 후기의 화가. 도화서 화원으로 1636년, 1643년 두 차례 통신사를 따라 일본에 다녀옴. 인물·수석(水石)에 독창적인 화법을 구사함. 굳세고 거친 필치와 흑백대비가 심한 묵법, 날카롭게 각이 진 윤곽선 등이 특징이다. 주요작품으로 '달마도'와 함께 '설중귀려도', '심산행려도'가 있다.

달마도_ 김명국, 조선 후기, 종이에 수묵, 83cm×57cm, 국립중앙박물관 소장. 현존하는 달마도 가운데 대표적인 걸작이다. 이국적인 달마
의 얼굴 모습은 종교적 정열로 불탄 인도 선사의 모습을 잘 표현하고 있다. 박력 넘치는 굵다란 옷주름선은 기백있는 얼굴 모습과 잘 조화되
어 빠른 속도와 형식적인 면을 극도로 생략한 김명국의 기량이 맘껏 발휘되었다.

늘보거북 달마의 얼굴이 꼭 산적처럼 생겼어요.

장콩선생 ㅋㅋㅋ 내가 봐도 그렇다.

달마도는 여러 화가에 의하여 현재도 많이 그려지고 있단다. 그러나 대부분의 달마도는 종교화의 특징을 그대로 나타내고 있어 성스럽게 그려진단다. 그런데 희한하게도 김명국의 달마도는 성스러운 느낌보다는 호쾌하면서도 조금은 어리숙한 표정을 지니고 있어 한번 더 눈길을 가게 만든단다. 옛날 사람들은 이런 작품을 가리켜서 '신이 그린 듯하다' 하여 '신품(神品)'이라 했고, 이런 그림을 그린 화가를 '신과 비슷한 붓쟁이'라 해서 '신필(神筆)'이라고 했단다. 한마디로 말해서 신에 버금갈 정도로 그림을 신묘하게 잘 그렸다는 이야기지.

참　치 이런 그림을 그린 김명국은 어떤 사람이었어요?

장콩선생 김명국은 도화서의 화원(畵員)이었단다. 호는 연담(蓮潭) 또는 취옹(醉翁)이라 했고, 일본에 사절단(조선통신사)이 파견될 때 일본 사람들에게 우리나라의 그림 수준을 알려주기 위한 화가로 선발되어 두 차례나 일본을 다녀왔단다. 오늘 우리가 감상하고 있는 달마도도 일본에서 그린 그림인데, 지금은 국립중앙박물관에 전시되어 있단다.

후세 사람들의 기록에 의하면 김명국은 술을 무척 좋아했단다. 그래서 말년에는 호마저도 '술 취한 늙은이'를 뜻하는 '醉翁(취옹)'을 썼단다. 이런 사람에게는 술과 관련된 일화가 반드시 존재한단다. 그러니 그를 초청해서 술에 취한 그가 어떤 일을 저질렀는지 물어보자구나.

김명국 화백, 얼른 나오세요!!

김 명 국 누가 나를 찾나?

장콩선생 여전히 술에 취해 계시는군요.

김 명 국 아! 나야, 술 안 먹는 날보다 술 먹는 날이 더 많으니 당연히 취해 있을 수밖에. 그리고 나는 술을 안 먹으면 도무지 그림이 안 돼. 좋은 그림을 후세에 전하려면 술을 먹을 수밖에 없다오.

장콩선생 다른 사람들이 당신을 '주광(酒狂)'이라고 하던데, 왜 그런지 아십니까? 술을 정말 좋아하셨나 봐요.

김 명 국 하하하하. 주광? '술에 미친 놈'이라. 거 참, 쑥스럽구만. 그래도 내 별명으로는 딱이네그려? 아무럼 어떻소. 나는 술 없으면 세상을 살았달 것이 없는 사람이오.

장콩선생 우선 우리 학생들에게 선생님 소개부터 해주시지요.

김 명 국 나는 인조가 임금을 했던 17세기 전반의 사람이오. 내가 살던 때는 조선이 무척 힘들었던 때요. 임진왜란의 후유증이 아직 남아 있었고, 또 북쪽에서는 여진족이 두 번이나 쳐들어와서 백성의 삶이 형편없었을 때요. 이러한 시기에 조정은 북방 오랑캐에게 당한 치욕을 씻는다면서 백성들은 내팽개친 채, 군사력을 강화하고 있었고, 사회 혼란을 성리학적 사고에 입각하여 바로 잡으려 했소. 그러다보니 사회 분위기가 경직되고 보수화 되었지.
이런 시기에 나같이 개성이 강한 사람은 빛을 보기 어려웠소. 만약 내가 세종과 같은 태평성대기에 살았다면, 나는 지금보다 훨씬 더 널리 이름을 알렸을 것이오.
다른 사람이 나를 처음 볼 땐 깡패처럼 생각하지만, 나는 보기보다 호방하고 농담도 잘하는 사람이오. 술을 친구처럼 사랑하기에 즐겨 마시며, 앉은 자리에서 몇 말을 마셔도 취하지 않소.

장콩선생 선생은 술 때문에 많은 일화를 가지고 있다고 하던데, 이 자리에서 말해줄 수 있겠습니까?

김 명 국 물론이오. 한번은 이런 일이 있었소. 저기 경상도 절에서 벽

설경산수도_ 김명국, 조선 17세기 중엽, 모시에 수묵, 101.7cm× 54.9cm, 국립중앙박물관 소장. 김명국의 그림은 대부분 술에 취한 상태에서 그린 것이라 한다. 이 작품은 이러한 그의 기질이 잘 나타난 것으로 머뭇거리지 않고 붓을 휘둘러 단숨에 그렸음을 알 수 있다.

에 걸 지옥도를 하나 그려달라고 하면서 그림 값으로 삼베 수십 필을 줍디다. 그 후로 나는 몇 달간을 돈 걱정 없이 원없이 술을 마시고 있는데, 스님들이 자꾸 지옥도를 재촉하더란 말이여. 그런데 그림이란 게, 아무 때나 그려지는 것이 아니지. 그리고 싶다는 생각이 들어야 그려지지. 한마디로 필(feel)이 생겨야 좋은 그림이 나오는 것이지.

그런데 아무 것도 모르는 스님들이 자꾸 와 재촉을 하더란 말이여. 그러던 어느 날 드디어 필이 와서 그림을 그렸는데, 스님들이 미운 생각이 들어 지옥에서 벌 받고 있는 사람들을 전부 스님의 모습으로 그려버렸소.

다음날 그림을 찾으러 스님 몇이 왔는데, 내 그림을 보고 놀라 자빠져버렸지. 스님들이 그러더군. 이 그림을 가져갈 수 없으니, 그림 값으로 준 삼베나 내 놓으라고. 그래서 내가 그랬지. 그림을 너희들 맘에 딱 들도록 고쳐줄 테니, 어서 가서 술이나 더 받아오라고. 내 말을 듣고 한 스님이 쏜살같이 가더니 주막에서 술을 받아왔더군. 내 이 술을 먹고 붓을 들어 민둥머리에는 머리털을 씌워주고, 회색 옷에는 색깔을 넣어 스님들 눈에 딱 들게 만들어줬지. 완성된 그림을 보고 스님들이 "당신은 정말 천하의 신필(神筆)이십니다." 하고 감탄을 하더군. 나는 그런 사람이오. 술이 어느 정도 들어가 한번 필을 받으면, 거칠 것 없이 일필휘지로 그림을 그리는 사람이오.

장콩선생 일본에 가서 일본 사람을 놀라게 한 일도 있다던데요?

김 명 국 아! 그 사건도 내가 이야기해주지. 내가 살던 시대에는 일본의 요청으로 간혹 사절단을 일본에 파견했소. 그것을 조선통신사라고 하지. 그런데 통신사라는 것이 한 번 갈 때 400여 명 정도 갔는데, 그 속에는 시 잘 쓰는 사람, 그림 잘 그리는 사람, 글씨 잘 쓰는 사람, 심지어는 광대까지도 함께 넣어 갔어. 그래서 통신사는 우리의 발달된 문물을 일본에 알리고 전달하는 역할까지 했지. 1636년 인조 14년에 통신사를 파견했는데, 이때 내가 화원을 대표하여 일본에 갔었소. 가는 도중에 일본인들이 내 그림을 받기 위하여 구름처럼 몰려드는데, 정말 가관입디다.

이처럼 일본 사람들에게 내 그림이 무척 인기 있었어. 조선에서야 나를 별 볼일 없는 그림쟁이로 취급하지만, 일본 사람들은 나를 조선의 화가 어느 누구보다도 높게 평가했지. 그래서 나는 일본의 특별한 요청에 의하여 1643년 통신사가 파견될 때도 다시 일본을 다녀왔소. 통신사를 따라 일본에 두 번 다녀온 사람은 나밖에 없다고 합디다.

아무튼 일본을 갔더
니, 부자 한 사람이 집
을 한 채 지어 놓고 금
물감으로 벽화를 그려
달라고 부탁하는 거야.
그래서 내가 그러마 하
고 일단 술을 가져오라
고 했지. 상다리가 휘
어질 정도로 잘 차린
상에 향기로운 술이 등
장하니 내 어찌 가만히
있었겠소. 술에 대취해
버렸지.

고사관화도_ 김명국,
조선 17세기 중엽, 국
립광주박물관 소장. 구
부러진 소나무, 흑백대
비가 강한 바위 모습,
거친 필치의 인물 표
현이 인상적이다. 그러
나 그의 전형적인 광
태적 화풍에 비하면
좀더 부드럽고 섬세한
필치가 느껴진다.

어느 정도 취기가 있
어 그림을 그리려고 붓을 가져오라 하니, 주인이 대접에 금
물감을 받쳐 들고 들어옵디다. 나는 그 대접을 보자마자 뺏어
들어 입에 가득 물고 사방 벽면에 전부 뿜어버렸지. 헌데 뒤
를 돌아보니 주인 놈 얼굴이 가관입디다. 붉으락푸르락해지
더니 허리에 찬 칼을 뽑아들고 나를 죽인다고 난리를 치는 것
이오. 그래서 내가 그랬지. 아무 걱정 말고 지켜나 보라고. 그

리고 나서 붓을 치켜들고 뿌린 금물을 이용하여 아주 근사한 벽화를 그려주었소. 주인이 자신의 성급함을 사죄하며, 용서를 구합디다.

나중에 이야기를 들어보니, 내 이야기가 일본 각지에 퍼져 사람들이 내 그림을 보기 위해 그 집에 구름처럼 몰려왔다는군. 주인은 벽화에 장막(帳幕)을 쳐 놓고 입장료를 받고 그림을 보여주어 집 지을 때 들어간 돈을 2, 3년 만에 뽑았다고 하오.

장콩선생 그런데 후세 사람들이 평가하기를 "김명국의 그림은 좋은 것은 아주 좋은데, 질이 떨어지는 것도 많다."고 하던데, 무슨 연유에서 그림의 질에 차이가 생겼나요?

김 명 국 생각해보슈. 나는 술이 어느 정도 들어가야 그림이 되는데, 때에 따라 어쩔 수 없이 맨정신으로 그림을 그려야 될 때가 있소. 그때 그린 그림은 아무래도 힘이 들어가지 않아 질이 떨어졌겠지. 또한 술을 너무 많이 먹어 대취한 상태에서 그린 그림도 별로 좋지는 않았을 것이오. 그러다보니, 달마도와 같은 최상의 그림은 그리 많이 나오지 못했던 것이지.

장콩선생 미래까지 와서 대담에 응해주셔서 감사합니다. 대한민국의 학생들이 선생에 대하여 많은 것을 알게 되었을 겁니다.

김 명 국 나도 즐거웠어요. 후세인들이 내 그림을 평가하기보다는, 술 취한 상태에서 행한 나의 행적만을 보고 기인으로만 평가해서 내심 못마땅했는데, 나에게 변명할 기회를 줘서 고마워요. 그럼 이만 쑝!

장콩선생 자! 어떠냐? 김명국이 '달마도'처럼 활달하고 선 굵은 그림을 그릴 수 있었던 배경을 어느 정도는 알 수 있겠지?

참   치 예, 조금은 알겠어요.

장콩선생 김명국의 시대로부터 약 100여 년 뒤의 사람인 자하 신위(申 緯, 1769~1847)는 김명국을 이렇게 평했단다.

"인물이 생동하고 붓과 먹이 융화되었으니, 백 년 이내에는 대적할 사람이 없을 성싶다."

어찌되었건 그는 자신이 살았던 시대에는 각광을 받지 못한 화가였지만, 후세인들에게는 인조시대의 가장 개성적인 화가로 인정받으며 숱한 찬사를 받고 있단다. 그리고 그의 대표작인 달마도는 응집력과 준엄한 기백이 넘치는 '선화(禪畵)의 백미(白眉)'로 많은 이에게 사랑받고 있단다.

◆신위_ 자는 한수(漢叟), 호는 자하(紫霞) · 경수당(警修堂). 신동으로 소문이 나서 14세 때 정조(正祖)가 궁중에 불러들여 칭찬을 하였다. 시(詩) · 서(書) · 화(畵)에 능하여 삼절(三絶)이라 불려졌다.

 미션 명 ˚ **달마의 입을 열어라**

다음 그림은 김명국의 달마도입니다. 얼굴 표정을 보니 누군가가 답
변하기 어려운 질문을 했나봅니다. 아주 난처한가 보네요. 달마에게
아래의 질문을 했다 가정(假定)하고 달마가 했음직한 말을 말풍선에
넣어봅시다. 답변에 선(禪)적인 냄새가 풍기면 아주 좋겠지요.

당신은 왜 고향(인도)을 떠나 서쪽(중국)으로 왔나요?

▶ ▶ ▶ 정답은 230쪽에 있음.

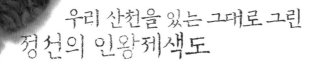

우리 산천을 있는 그대로 그린
정선의 인왕제색도

장콩선생 진경산수화(眞景山水畵)에 대해서 들어본 적이 있니?

참　치 예. 중국의 산수화풍에서 벗어나 우리나라 산천을 독자적인
시각으로 그린 그림을 말해요. 겸재 정선(鄭敾, 1676~1759)에
의하여 17세기 후반부터 시작되어 18세기에 크게 발전하였죠.

장콩선생 잘 알고 있구나. 조선시대의 화가들은 겸재 정선이 등장하기
전까지는 중국 화가들의 작품을 모범으로 삼아 그림을 그렸
단다. 그러다보니, 우리 산천의 실제 모습이 그려지기보다는
중국의 산과 강이 그림 속에 버젓이 자리 잡고 있었단다.

◆정선_ 자는 원백(元伯),
호는 겸재(謙齋)·난곡
(蘭谷). 처음에는 다른
화가들처럼 중국의 산
수를 주로 그렸으나,
30세를 전후하여 우리
산천의 아름다움을 그
대로 표현한 '진경산수
화'를 개척하여 발전시
켰다. 현재 심사정(沈師
正)·관아재 조영석(趙
榮祏)과 함께 삼재(三
齋)로 불리었다.

그러나 17세기 후반에 화가의 길로 들어선 겸재는 막연한 상상력에 의지하여 중국 그림을 모방하던 단계를 탈피하여 자신의 눈으로 본 우리 산천의 실제 모습을 기운찬 필치로 화면에 담아냈단다. 그 후 겸재의 뒤를 이어 많은 화가가 우리 산천을 화가 자신의 독자적인 시각으로 그렸으며, 이 그림들을 우리는 '진경산수화'라고 한단다. 이러한 진경산수화는 영조와 정조의 문예부흥정책과 맞물려 크게 융성하여 18세기를 '진경의 시대'로 만들었단다.

참 치 정선도 그림을 처음 접하던 시기에는 다른 화가들처럼 중국 그림을 모방하면서 배웠을 것 같은데, 무슨 이유가 계기가 되어 우리 산천을 있는 그대로 그리기 시작했대요?

장콩선생 조선은 나라를 세운 이후로 원 중국민족인 한족(漢族)이 세운 국가, 명나라를 아버지 나라처럼 섬겼단다. 이러한 현상은 명나라가 임진왜란 때 조선에게 도움을 준 이후로 더욱 강화되었는데, 문제는 오랑캐라고 멸시했던 여진족이 청을 세워 조선을 두 차례나 침범하여 치욕을 준 후, 명까지 멸망시키고 중국 전체를 차지해버렸단다.

이러한 국제정세의 변화를 조선의 사대부들은 인정할 수가 없었단다. 이때부터 조선에서는 중국은 오랑캐 천지가 되었으니, 문화의 중심은 조선으로 넘어왔다고 생각하면서, 중국 중심의 사고관에서 조금씩 탈피하여 조선을 새롭게 보려는 경향이 대두되었단다. 그리고 그 과정에서 우리 산천을 우리의 눈으로 보고 그리려는 진경산수화가 탄생했단다. 이때가 17세기 후반이었는데, 이러한 시대적 흐름은 18세기에 와서 문화를 사랑하고 발전시켰던 영조와 정조라는 명군주를 만나면서 더욱 확장되어 18세기를 '진경의 시대, 풍속화의 시대'로 자리매김했단다.

늘보거북 아빠! 조선 사람들은 왜 명나라는 아버지 나라로 존경하면서 청나라는 오랑캐라고 멸시했나요?

장콩선생 음, 좀 쉽게 설명해주마. 조선은 성리학이 지배하던 사회였단다. 성리학에서는 인간 세상의 모든 일은 하늘의 뜻에 따라 이루어진다고 생각했단다. 이것을 천명사상(天命思想)이라고 하지. 그런데 이 사상은 극단적인 중국 중심적 사고관으로 하늘의 뜻을 지상에서 펼치는 사람은 오직 중국의 황제뿐이고, 주변국은 중국 황제의 명령에 따라 다스려지는 국가에 불과했단다. 한마디로 말해서 조선이나 일본처럼 중국 주변에 있는 나라들은 중국을 아버지 나라로 섬기는 것이 하늘의 뜻이라는 거지. 이러한 사고관을 가지고 있는 성리학을 국교로 했던 나라가 조선이었단다. 그러니 중국민족이 세운 명나라를 아버지처럼 떠받들었던 것이고, 중국 문화라면 무조건적으로 받아들였던 것이지. 그리고 중국 주변에 있는 민족들은 전부 오랑캐로 여겨 조선보다 한 수 아래로 생각했단다.

참　치　그러니까, 진경산수화가 유행하게 된 데에는 두 가지 배경이 있군요. 명이 멸망한 이후에 오랑캐라고 생각하는 여진족들이 중국을 장악하니까 '이제 중국 문화는 별 볼일 없고, 우리가 문화의 최우수국이다'라는 생각이 우리 것을 먼저 생각하는 시대 분위기를 만들었고, 이러한 분위기가 문화를 적극적으로 후원하는 영조와 정조를 만나면서 크게 융성하게 되었군요.

장콩선생　와! 참치가 아주 정리를 잘하는구나. 그야말로 최상의 정리다. 이럴 때 박수가 없으면 안 되지. 박수. 짝짝짝짝짝 ~~~~~~~ 자 그럼 이제부터는 진경산수화를 이 땅에 뿌리내린 정선의 그림 이야기를 해보자.

다음에 나오는 그림을 보렴.
오늘 우리가 감상할 겸재 정선의 '인왕제색도(仁王霽色圖)'란다. 굉장하지?

仁王霽色
謙齋
辛未閏月山院

인왕제색도(국보 216호) _ 정선, 조선 1751년, 종이에 수묵, 79.2cm×138.2cm, 삼성미술관 리움 소장. 여름날 소나기가 내린 인왕산의 모습을 실감나게 묘사한 작품으로 겸재가 평생을 쌓아온 진경산수화의 대가다운 기량을 맘껏 펼치고 있다. 물기가 남아 있는 거대한 암벽을 진한 먹을 중첩시켜 표현함으로써 입체감과 질감을 살려냈고, 반대로 주변의 산들은 빠른 필선으로 간략하게 표현하였다. 금강전도와 더불어 진경산수화의 대표작으로 꼽힌다.

인왕제색도의 '제(霽)' 자는 비 온 뒤의 그침을 의미한단다. 따라서 이 그림은 '인왕산에 큰비가 온 뒤끝에 안개가 밀려드는 모습'을 그린 것이란다. 인왕산은 서울의 서쪽에 있는 산으로 높이가 338m에 불과한 작은 산이지만, 정상부위가 온통 화강암 덩어리로 이루어져 있어서 무척 뚝심 있게 보이는 명산이란다. 그림을 보거라. 화면 아래쪽으로부터 자욱이 피어오르는 물안개가 길게 띠를 이루면서 스멀스멀 위로 번져 가고 있단다. 바위는 검고 짙은데, 매끄러운 인왕산 정상부위의 바위 질감을 결 그대로 살리기 위하여 굵은 선을 힘차게 여러 번 내리그었단다. 그림에 능한 사람이 아니고서야 선뜻하기 힘든 표현력이지.

늘보거북 큰비가 왔다는 것을 무엇으로 알아요?

장콩선생 인왕산의 정상부위를 잘 보렴. 세 줄기의 작은 폭포가 세차게 물을 뿜고 있지. 맑은 날의 인왕산을 보면, 이 산은 돌산이기에 폭포가 있을 수 없단다. 그런데 정선이 폭포를 그려 놓은 걸로 보아 그림을 그리던 날 인왕산에 큰비가 내렸음을 짐작할 수 있단다.

다음의 사진은 현재 인왕산 모습이란다. 겸재의 그림 속에 있는 인왕산과 많이 닮았지?

참　치　정말 그러네요. 오른쪽 아래에 있는 아파트 자리에 기와집을
　　　그려 놓으면, 겸재의 그림과 똑같을 거 같아요. 정선이 그린
　　　인왕산과 현재의 인왕산을 비교해서 살펴보니, 진경산수화
　　　가 어떤 것인지 대충 감을 잡을 수 있어요.

장콩선생　그렇단다. 인왕제색도에서 중국산을 관념적으로 그린 모습
　　　은 눈을 씻고 찾아도 찾을 수가 없단다. 이 그림을 그릴 때 정
　　　선은 76세의 할아버지였단다. 현대 과학이 발달하여 수명이
　　　크게 늘어난 지금도 70대 중반의 나이라면 근근이 자기 생활
　　　을 꾸려갈 정도인데, 정선은 이 나이에도 젊은이의 기개와 필
　　　력으로 이처럼 기운 생동한 작품을 남겼단다.
　　　인왕제색도 이외에도 겸재는 60여 년을 그림과 함께 하면서 다
　　　양한 작품을 많이 남겼는데, 그중에서도 오늘 감상한 인왕제색
　　　도와 금강전도, 박연폭포를 겸재의 최고 걸작으로 꼽는단다.

金剛全圖
謙齋

萬二千峯皆骨山阿人用
意寫眞顏衆香浮
高扶衆外
積氣雜諸
世界
衆因
間
芙蓉化素
半林松
相經玄聞從今脚
瑞頭今逆事如枕還者不煙
甲寅
冬題

🎨 **금강전도(국보 217호)**_ 정선, 조선 1734년, 종이에 수묵담채, 130.7cm×94.1cm, 삼성미술관 리움 소장. 정선은 100여 폭에 이르는 진경산수의 금강산 그림을 그렸다. 이 작품은 금강산 진경산수의 대표작이라 할 수 있다. 특히 이전까지와는 달리 하늘을 파랗게 표현한 부분은 금강산도의 전형으로 인식되어 이후 후배들에게 절대적인 영향을 주었다.

'금강전도'는 말 그대로 금강산 1만 2천 봉우리를 부감법을 써서 한 화면에 다 넣은 작품으로 많은 후배 화가에게 큰 영향을 준 작품이란다.

'박연폭포'는 개성에 있는 폭포로 황진이, 서경덕과 함께 송도삼절(松都三絶)로 알려진 명승지인데, 겸재가 그곳에 놀러가서 그린 것이란다. 이 그림 또한 힘찬 필력의 효과가 돋보이는 작품으로 우레와 같은 물소리와 20m에 이르는 물길의 위용을 흑백의 적절한 대비로 잘 표현하여 장대하고 힘찬 그림을 만들어주고 있단다.

박연폭포_ 정선, 조선 1750년경, 종이에 수묵, 191cm×52cm, 개인 소장. 북한의 명승 박연폭포를 실제보다 과장되게 그린 것으로 박진감이 넘치고 흥과 신명이 담겨 있다.

겸재의 후배이자 친구인 관아재 조영석(趙榮祏)은 겸재의 그림을 평하면서 "조선 3백 년 역사 속에 조선적인 산수는 겸재로부터 비롯되었다고 해야 한다."라고 했단다. 결국 이 말은 진경산수의 시작이 겸재에서 이루어졌고, 겸재를 빼고는 진경산수를 말할 수 없음을 표현한 것이지.

 미션 명   그림의 공통점을 찾아라

다음 그림은 18세기 때 활발히 그림을 그렸던 화가 정선의 작품들입니다. 이 그림들의 공통점을 쓰시오.

광진_ 현재의 서울 광진(廣津)구
광장동 아차산 일대 전경.

삼승정(三勝亭)_ 현재의 서울 사
직동 언저리에 있던 정자.

압구정(鴨鷗亭)_ 현재 서울 강남구 압구정동의 현대아파트가 들어선 곳에 있던 한명회가 만든 정자.

동작진(銅雀津)_ 현재 서울 동작 대교가 있는 곳에 있던 동작나루.

▶▶▶ 정답은 230쪽에 있음.

서민들의 삶과 애환이 숨 쉬는
김홍도의 풍속화들

장콩선생 오늘은 단원 김홍도의 풍속화 3점을 동시에 감상하자구나.

김홍도는 우리 역사상 가장 뛰어난 화가 중의 한 분이란다.

아니 우리 역사상 가장 걸출한 화가였단다.

참치 너는 김홍도 하면 무엇이 생각나니?

참　치 서민들의 생활상을 맛깔스럽게 표현한 풍속화요.

장콩선생 그래, 네가 생각하는 것처럼 대부분의 사람들은 '단원 하면 풍속화, 풍속화 하면 김홍도'를 떠올릴 정도로 단원과 풍속화는 떼려야 뗄 수 없는 사이란다. 그러나 풍속화는 단원이 60평생 그림을 그리면서 이룩한 극히 일부분에 불과할 뿐,

그는 풍속화 · 산수화 · 인물화 · 화조도(花鳥圖) 등 거의 모든 분야에서 일가(一家)를 이룬 뛰어난 화가란다.

참   치 그래도 '풍속화 하면 김홍도' 할 정도로 단원의 풍속화는 유명하잖아요. 그리고 다른 화가들에 비하여 단원이 풍속화를 더 많이 그린 것도 사실이잖아요?

장콩선생 단원 이전에도 풍속화를 많이 그린 화가는 있었단다. 공재(恭齋) 윤두서(尹斗緒, 1668~1715)가 있고 관아재 조영석(1686~1761)도 풍속화를 많이 그렸단다. 그런데 단원의 풍속화가 더 알려진 이유는 단원의 그림 실력이 탁월하기도 했지만, 단원이 살았던 시대가 풍속화를 요구했기 때문이란다. 단원이 살았던 때는 정조가 임금을 하던 시기로 '조선왕조의 문예부흥기' 라고 일컬어지는 시대란다. 시 · 서 · 화에 모두 능했고 조선의 문물을 부흥시켜 명군주로 알려진 정조는 실학정신을 바탕으로 자신의 시대를 이끌었고, 이러한 시대정신 속에서 우리 것을 찾고자 하는 노력들이 전개되었단다. 이러한 시대 분위기 속에서 학문의 다산 정약용이 나왔으며, 문학에서는 연암 박지원(1737~1805)이 배출되었고, 예술에서는 단원 김홍도가 등장할 수 있었단다.

◆윤두서_ 자는 효언(孝彦), 호는 공재. 시 · 서 · 화에 두루 능했고, 유학과 경제 · 지리 · 의학 · 음악 등에도 뛰어났다. 특히 인물화와 말을 잘 그렸는데, 자화상인 '윤두서상' 이 현재 국보 240호로 지정되어 있다.

◆조영석_ 유학자이면서 화가. 산수화와 인물화에 뛰어났으며 당대의 명화가 정선 · 심사정과 함께 삼재(三齋)로 일컬어졌다. 또 시 · 서 · 화에 능해 삼절(三絶)로 불리었다.

◆박지원_ 조선 후기의 실학자, 소설가. 여러 편의 한문소설로 양반의 허위의식을 고발하고 근대사회의 인간상을 창조하였다. 주요 저서로 『열하일기』, 『연암집』, 『허생전』이 있다.

늘보거북 아빠! 저도 김홍도의 그림은 아는데요, 김홍도가 어떤 사람인지는 잘 몰라요. 김홍도는 어떤 사람이었어요?

장콩선생 김홍도는 영조 21년(1745)에 태어났는데, 죽은 연도는 확실하지 않단다. 다만 그의 나이 61세 때 그려진 작품이 있는 걸로 보아 최소한 1805년까지는 살았음을 알 수 있단다. 자는 사능(士能)이며, 호는 처음에는 서호(西湖)라 했으나, 30대 중반에 단원(檀園)이라 했고, 말년에 들어서는 단구(丹邱)와 농사옹(農社翁)이란 호를 즐겨 썼단다. 그의 가계(家系)는 중인 집안으로 표암 강세황(姜世晃, 1712~1791)에게서 그림을 배워 큰 화가로 성장하였단다.

참　치 단원 김홍도 하면 꼭 같이 등장하는 인물이 있잖아요. 신윤복이라고. 이 두 사람은 왜 꼭 비교의 대상이 되나요?

장콩선생 혜원 신윤복(1758~?)도 단원이 살았던 시대의 화가로 풍속화의 대가였단다. 나이로 보면 단원이 10여 년 이상 연상이었지만, 단원과 혜원은 모두 당시의 사회상을 사실적으로 반영하는 데 능했단다. 다만, 단원이 서민들의 생활상을 주로 그렸다면, 혜원은 양반과 부녀자들을 중심 소재로 삼아 그림을 그렸기에 그림에서 풍기는 분위기나 그림 그리는 기법이 완

◆강세황_ 자는 광지(光之), 호는 표암(豹菴), 시호는 헌정(憲靖). 시·서·화에 능해 삼절로 불렸으며, 식견과 안목이 뛰어난 사대부 화가였다.

◆신윤복_ 조선 후기의 풍속화가로 호는 혜원(蕙園). 김홍도·김득신과 더불어 조선 3대 풍속화가로 불림. 도회지의 한량과 기녀 등 남녀의 은은한 정을 나타낸 그림들로 당시의 애정과 풍류를 표현했다.

주막도_ 김홍도, 「단원풍속도첩(보물 527호)」에
수록, 조선, 종이에 담채, 28cm×23.9cm, 국립
중앙박물관 소장.

주막도(주사거배)_ 신윤복,
조선 1805년, 종이에 담채,
28.2cm×35.2cm, 간송미
술관 소장. 단원이 서민들의
생활상을 주로 그렸다면, 혜
원은 양반과 부녀자들을 그
중심 소재로 삼았다.

전히 달랐단다.

인물을 그릴 때 단원은 붓을 매우 강하고 빠르게 가져가며 평퍼짐하게 그렸지만, 혜원은 여리고 부드러운 필치로 곱게 묘사했단다. 이러한 특징은 등장인물의 복장에서도 그대로 나타나, 신발을 보면 단원의 그림 속에 등장하는 인물들은 성글게 엮은 짚신을 주로 신었지만, 혜원의 인물들은 코가 뾰족하고 굽이 낮은 맵시 있는 가죽신을 주로 신고 그림에 등장한단다. 색칠을 할 때도 단원은 인물의 얼굴과 살갗이 드러난 부분만 엷은 갈색으로 칠하고 다른 부분의 채색은 최대한 절제했지만, 혜원은 인물과 배경을 다양한 색을 사용하여 화려하게 칠했단다. 화면 구성에서도 그렇단다. 단원은 철저히 배경을 생략했지만, 혜원은 반대로 주변 배경을 아주 치밀하게 묘사했단다.

이처럼 동시대에, 그것도 도화서 화원으로 같이 근무하면서 풍속화를 그렸지만, 두 사람의 그림은 많은 차이가 났단다. 그래서 비교의 대상이 곧잘 되곤 하지.

참　치 아빠 말을 듣고 보니 단원과 혜원이 비교되는 이유를 잘 알겠네요. 이제부터는 오늘 감상할 풍속화에 대해서 설명해주세요.

◆「단원풍속도첩」(보물 527호)_ 1745~1816년에 그린 김홍도의 풍속화를 모아 놓은 것. 서민의 일상사가 주요 주제로, 당시의 사회상을 살필 수 있는 기록적 자료로서도 중요하다.

장콩선생 오늘 감상할 풍속화는 '서당도', '씨름도', '타작도' 란다. 세 작품이 각기 독립성을 갖고 있는 그림이지만, 엄밀히 따지면 이들은 형제간이란다. 이들 작품은 「단원풍속도첩」에 수록되어 있는 그림들로 한 장, 한 장이 A4 용지 두 장을 붙여 놓은 크기보다 약간 작단다. 이 화첩의 풍속화들은 총 25장으로 조선시대 서민들의 일상생활 모습을 그린 그림들로 구성되어 있단다.

먼저 조선시대의 초등학교인 서당의 풍경부터 감상하자구나. 다음에 나오는 그림이 바로 김홍도의 '서당도' 란다. 위쪽에 훈장님이 앉아 있고 공부하는 아이들이 양쪽으로 줄줄이 앉아 있구나. 그런데 훈장님 앞에 아이가 하나 등을 돌리고 앉아 있구나. 어! 그런데, 표정을 보니 울고 있는 듯하구나. 왜 그럴까?

참 치 저, 이것 알아요. 미술 시간에 선생님이 해석해줬어요.

장콩선생 그래, 그럼 말해보렴.

참 치 숙제를 해오지 않아서 종아리를 맞고 앉아 있는 장면이에요.

장콩선생 그런 것 같니? 나는 그렇게 보이지 않는데…….

🦋 서당도_ 김홍도, 「단원풍속도첩」에 수록, 조선 18세기 후반, 종이에 담채, 26.9cm×22.2cm, 국립중앙박물관 소장.

참 치 그럼 아빠는 어떤 모습으로 보이세요?

장콩선생 훈장님 책상 옆에 회초리가 놓여 있고, 아이의 오른손이 왼쪽 발목의 대님을 풀고 있는 걸로 보아 매를 맞기 직전의 모습인 것 같구나. 숙제로 내준 천자문을 훈장님 앞에서 외워야 되는데, 이 아이는 외우지 못해서 종아리를 맞기 위해 바지를 걸어 올리려 하고 있구나. 매를 맞아야 되니, 서글퍼서 눈에 눈물이 저절로 맺히나 보구나. 늘보 너도 저 아이와 비슷한 경험을 한 적이 있지?

늘보거북 예, 있어요. 엄마가 꼭 하라고 내준 숙제를 컴퓨터 게임을 하느라 하지 못해서 저녁에 엄마한테 꾸지람을 듣고, 엄마가 용서해줄 수 없다고 종아리를 걷으라고 해서 걷었던 적이 있어요. 매를 맞을 생각을 하니, 눈에서 눈물이 자꾸 나오려 했어요.

참 치 저도 그런 적이 있어요. 제가 잘못했어도 엄마가 종아리를 걷으라고 하면, 눈에서 눈물이 글썽여져요.

장콩선생 그렇지. 만약 이 아이가 종아리를 맞은 후라면, 훈장님 손에 회초리가 들려 있을 것이며, 아이의 옷매무새도 흐트러져 있

어야 하겠지. 그런데 이 아이는 옷매무새가 단정하고 훈장님께 등을 돌리고 대님을 풀고 있구나. 그리고 한 손으로는 눈에 맺힌 눈물방울을 닦아내고 있구나.

그런데 옆에 줄줄이 앉은 아이들의 표정을 보렴. 친구가 맞는 것이 무척 좋은가 보구나. "고거 참, 쌤통이다." 하는 표정들인 것 같지 않니? 특히 맨 위쪽에 있는 아이는 속이 다 시원한가 보다. 아마 맞을 준비를 하고 있는 아이와 평소에 사이가 좋지 않았나 보다.

화면 오른쪽의 첫 번째 학생을 보렴. 다른 아이들은 전부 더벅머리인데, 혼자만 갓을 쓰고 있구나. 이 교실에서 이 학생 혼자 장가를 갔나 보구나. 훈장님의 표정도 한번 보렴. 숙제를 해오지 않은 아이 때문에 인상이 찌푸려져 있지. "에잇, 고얀 놈!" 하며 혀를 차는 소리가 들리지 않니?

늘보거북 그림을 계속 보고 있으니, 훈장님이 야단치는 소리가 들리는 것 같아요. 또 훈장님의 화난 표정도 머리에 그려져요.

장콩선생 단원이 18세기 서당의 모습을 아주 자세하게 그려 놓은 덕분에 21세기에 와서도 아주 쉽게 당시 교실의 풍경을 알 수 있구나.

이제 두 번째 그림을 감상해보자.

그런데 이 작품은 우리 옛 그림을 전문적으로 연구했던 학자한 분에게 설명을 부탁드리자. 지금은 돌아가셨지만, 옛 그림을 끈기 있게 연구했던 분인 오주석(1957~2005) 씨란다. 선생님 나와주세요.

오 주 석   안녕하세요. 오주석입니다. 만나서 반가워요. '씨름도' 는 제가 설명해드릴게요. 저와 함께 씨름도 속으로 들어가서 단원이 그림을 그리던 씨름판에서 무슨 일이 벌어졌는지 알아보아요. 다음에 나오는 그림이 바로 씨름도랍니다.

시골 장터에 씨름판이 벌어졌네요. 구경꾼은 모두 열아홉 명이나 되는데, 모두 편한 자세로 가운데에서 힘을 쓰고 있는 씨름꾼을 바라보고 있네요. 그러나 자세히 보면 사람에 따라 관전하는 태도가 각기 다릅니다. 자! 지금부터 화면 오른쪽 위에서부터 사람들의 표정을 시계 반대 방향으로 돌아가면서 천천히 살펴보겠습니다.

맨 위의 가장 자리에 중년의 사내가 입을 헤 벌리고 앉아 있습니다. 자세를 보니 앞으로 몸을 기울이느라 두 손으로 땅을 짚었군요. 씨름이 정점을 향해가고 있나 봅니다. 그 옆에 위가

◆오주석_ 미술 사학자. 독특한 자기만의 시각으로 우리 전통 그림들을 해석하여 전통 미술에 대한 이해의 폭을 넓혔다. 저서로 『옛 그림 읽기의 즐거움 1, 2』, 『오주석의 한국의 미 특강』이 있다.

🌱 씨름도_ 김홍도, 「단원풍속도첩」에 수록, 조선 18세기 후반, 종이에 담채, 26.9cm×22.2cm, 국립중앙박물관 소장. 구경꾼들로 동그라미를 이루게 하고 그들의 시선을 한복판에 있는 씨름꾼에게 향하게 하여 그림에 강한 통일성을 주었다. 하지만 그림의 답답함을 피하기 위해 오른편 가를 비워 놓았다.

뾰족한 벙거지가 보입니다. 주로 마부들이 쓰는 모자입니다. 팔베개를 하고 느긋하게 구경하고 있는 사람이 주인인 듯싶은데, 그의 직업은 마부가 분명합니다. 총각머리 세 아이가 초롱초롱한 눈망울로 곧 승패가 결정되는 씨름을 열심히 구경하고 있습니다. 앞의 큰 아이는 제법 폼이 의젓한데, 맨 뒤에 있는 작은 아이는 겁이 나는 듯 어깨를 움츠리고 있습니다.

화면 위의 왼쪽에는 모두 여덟 사람이 앉아 있습니다. 뒤쪽 가운데의 점잖은 노인은 의관을 흐트러뜨리지 않고 단정하게 앉아 있습니다. 그러나 그 앞의 갓 쓴 젊은이는 다리가 저리는지 한쪽 다리를 뻗고 있습니다. 부채로 얼굴을 가리고 눈만 내놓고 구경하는 품새로 보아 상당히 소심한 성격인 것 같습니다. 젊은이의 오른쪽 옆에서 한 손을 땅에 짚고 구경하고 있는 중년의 남자는 무척 소탈하고 느긋한 성격의 소유자 같습니다. 자세나 옷매무새가 많이 흐트러져 있군요. 그 옆에 양손으로 두 발을 잡고 있는 아이는 요새 같으면, 부모님 속을 많이 상하게 했을 것 같군요. 부채로 얼굴을 가린 젊은 양반의 왼쪽에 중년의 남자 둘이 위아래로 앉아 있네요. 두 사람 다 긴장한 표정이 역력합니다. 앞의 남자가 신발을 벗고 앉아 있는 걸로 보아 두 사람은 분명 다음에 출전할 선수입니다.

이제 아래쪽을 살펴볼까요? 왼편에 어른 셋과 아이 하나가 느긋하게 구경을 하고 있습니다. 그런데 오른편에 있는 두 명은 깜짝 놀라서 뒤로 물러서는 기색이 역력하군요. 위로 들린 씨름꾼이 이쪽으로 넘어질 게 분명하네요. 한데 앞 사람의 뒤로 짚은 손을 한번 보십시오. 이상합니다. 이 자세 그대로 해서 손을 한번 짚어보십시오. 그림처럼 손이 짚어지지 않죠. 손의 방향이 틀려 있습니다. 단원이 잠시 착각을 했나 봅니다.

모든 사람이 씨름 보는 데 정신이 없는데 오직 한 사람, 엿 파는 아이만은 씨름에 전혀 관심이 없군요. 하기야 오늘 같은 날 돈을 벌지 않으면 언제 벌겠습니까. 이 아이에겐 그저 먹고 사는 게 최고인 것 같습니다.

이제 이 그림의 전체 구도를 살펴볼까요.
빙 둘러 앉은 구경꾼으로 동그라미를 이루게 하고 그들의 시선은 한복판에서 씨름하고 있는 씨름꾼을 향하게 하여 그림에 강한 통일성을 주었습니다. 하지만 통일성만 강해도 그림이 답답해질 우려가 있습니다. 그래서 단원은 오른편 가를 일부러 텅 비워 놓았습니다. 또 시선이 모이기만 해도 단조로우니 엿장수는 짐짓 딴 데를 보게 하는 해학을 부렸습니다. 단원의 풍속화에서 살필 수 있는 파격의 묘미인 것이죠.

장콩선생 선생님 말씀 잘 들었습니다. 오랜 연구를 통해서 형성된 안목으로 씨름도를 완벽하게 해설해주시니 정말 고맙습니다. 선생님의 설명은 이 책을 읽는 많은 학생에게 큰 감명을 줄 겁니다. 그리고 선생님처럼 우리 문화를 독자적으로 신명나게 연구하는 연구자가 이 학생들 중에서 반드시 나올 겁니다.

또 다른 세상에서 우리 옛 그림을 계속 연구하며 살아가시길 진심으로 빌어드립니다.

참　치 오주석 선생님도 대단하시군요. 조그만 그림 한 장을 가지고 김홍도가 그림을 그릴 때의 상황을 그대로 재현해내는군요.

장콩선생 그렇단다. 우리가 몰라서 그렇지, 우리 문화의 전통과 계승 발전을 위해서 많은 학자가 자신의 사생활을 반납해가면서 연구 활동에 매진하고 있단다.

자! 그럼, 세 번째 그림을 감상하자구나. 이번에 감상할 작품은 '타작도'란다. 서당도나 씨름도 못지않게 구도가 훌륭한 작품으로 당시 농민들의 생활상을 알려주는 그림이란다.

이 그림은 화면을 두 부분으로 나눌 수 있단다. 화면 위의 왼쪽 모서리에서 화면 아래의 오른쪽 모서리까지 직선으로 분할했다고 생각해보렴. 그러면 위쪽과 아래쪽이 대각선으로

자연스럽게 나누어질 것이다. 아래쪽에서는 농부들이 열심히
벼 타작을 하고 있구나. 이들은 전부 소작농인가 보구나.

늘보거북 아빠! 소작농이 뭐예요?

장콩선생 소작농은 자기 땅이 없어서 땅이 많은 사람, 즉 지주(地主)의
땅을 빌려서 농사를 짓는 사람을 말한단다. 이들은 농사를 지
어 수확을 하면, 땅 주인인 지주에게 땅을 빌린 대가로 수확
량의 반 정도를 바쳐야 했단다. 그러니 농사를 열심히 지어도
항상 궁핍하게 살 수밖에 없었지.

참　　치 지주에게 반 이상을 바쳐야 하는데도 농민들의 일하는 표정
은 밝군요.

장콩선생 자신들의 손으로 농사 지은 것을 수확하고 있잖니? 비록 반
은 지주에게 줄망정, 자신이 열심히 농사 지은 것을 수확하고
있으니 이 얼마나 기쁜 일이겠니? 당연히 기쁠 수밖에 없겠
지. 그런데 벼를 수확하는 모습이 아주 원시적이구나. 이때가
18세기 후반인데도, 아직 나무판 위에 벼를 내리쳐 알곡을
털어내고 있구나. 타임머신만 있다면, 벼를 자동으로 털어내
는 탈곡기라도 하나 가져다주고 싶구나.

🐝 타작도_ 김홍도, 「단원풍속도첩」에 수록, 조선 18세기 후반, 종이에 담채, 28cm×23.9cm, 국립중앙박물관 소장. 주변의 배경을 완전히 생략하고 타작하는 농부들과 이를 지켜보는 마름의 모습을 짜임새 있게 구성했다. 독창적이며 개성적인 인물들의 표정과 동작은 회화적인 효과를 높여 놓았다.

늘보거북 그런데 위쪽에 누워 있는 어른은 어떤 사람이에요?

장콩선생 마름이란다. 마름은 순수한 우리말로 지주로부터 소작지의 관리를 위임받아 농사 짓는 것부터 수확, 지주에게 수확물을 상납하는 일까지 총 책임을 맡은 사람이란다.

마름의 모습을 살펴보니 조금 심통이 나는구나. 직접 농사를 지은 농민들은 힘들여 일하고 있는데, 저만 혼자 술이 거나하게 취해 삐딱하게 누워 있구나. 신발이 흐트러져 있는 걸로 보니, 술을 마셔도 꽤나 많이 마신 모양이구나. 실제 상황이라면, 뭐라고 해주고 싶다만, 그림 속의 풍경이라 어쩔 수 없구나.

그런데 이상한 것은 놀고먹는 마름이 있는데도 그림의 전체적인 분위기가 무척 활기차고 건강하게 보이는구나? 그렇지 않니?

참　치 예, 그래요. 아무래도 웃으면서 열심히 일하는 농민들의 숫자가 많기 때문에 그쪽의 분위기가 그림 전체 분위기를 밝게 하고 있지 않을까요?

장콩선생 그렇구나. 그림을 다시 보니 시선이 분명 농민 쪽으로 먼저 가는구나. 네가 잘 보았구나. 이 그림의 초점은 분명 농민들이 일하는 쪽에 있구나. 그리고 농민들은 마름놈이 놀거나 말거나, 수확의 기쁨을 누리며 열심히 일을 하고 있구나.

자! 이제 단원 김홍도의 그림 감상은 다 끝났다. 지금까지 우리는 단원의 풍속화 3점을 연이어 감상했단다. 우리가 오늘 본 풍속화들은 단원이 살았던 시대의 생활 그림 22점과 함께 「단원풍속도첩」에 실려 있는 그림으로 이 풍속화첩은 현재 보물 제527호로 지정되어 국립중앙박물관에 소장되어 있단다.

 미션 명 · **씨름판에서 벌어지고 있는 일을 알아내라**

다음 그림은 김홍도의 씨름도입니다. 당시 씨름하는 상황이 생생하게

표현되어 있지요. 그림을 읽고 아래의 질문에 답하시오.

① 씨름에서 이기는 사람은 누구일까요?

② 지는 사람은 어느 쪽으로 넘어질까요?

③ 구경꾼 속에 마부가 한 사람 있습니다. 누구일까요?

④ 다음번에 씨름을 하기 위해 대기 중인 두 사람은 누구입니까?

⑤ 김홍도가 실수를 해서 오른손을 왼손처럼 그려 놨습니다. 누구의 손

　　일까요?

▶ ▶ ▶ 정답은 231쪽에 있음.

스승과 제자의 우정이 담겨 있는
김정희의 세한도

장콩선생 『논어(論語)』에 이런 말이 있단다.

"한겨울 추운 날씨가 된 다음에야 소나무와 잣나무가 시들지
않음을 알 수 있다."

무슨 말인지 이해하겠니?

참 치 예, 어느 정도는요. "모든 나무가 푸른 잎을 자랑하는 여름철
에는 소나무나 잣나무의 푸름이 별거 아닌 것 같지만, 한겨울
이 되어 나뭇잎이 떨어지고 나면 소나무나 잣나무가 얼마나
푸른지를 알 수 있다."는 의미인 것 같아요.

장콩선생 그래, 맞다. 그럼 이것을 사람에 비유하여 생각해보자.

우리 역사 속에서 어떤 인물이 추운 겨울에 푸른 잎을 달고 우뚝하게 서 있는 소나무나 잣나무 같은 사람일 것 같니?

참   치 성삼문 같은 분이 그럴 것 같아요. 성삼문은 한 신하가 두 임금을 섬길 수 없다고 하여 세조가 왕이 되었는데도, 끝까지 전왕인 단종을 섬기려 하다가 죽었잖아요.

장콩선생 오늘 참치가 아주 분발하는구나. 함께 그림 공부를 계속했더니 생각의 깊이가 갈수록 깊어지는구나. 그래 네 말처럼 성삼문이나 정몽주같이 지조와 의리가 있는 사람이 바로 한겨울의 소나무나 잣나무 같은 사람이란다.

그런데 우리나라 최고의 명필로 추앙받는 추사 김정희(金正喜, 1786~1856)에게도 그런 제자가 있었단다. '우선(藕船) 이상적(李尙迪, 1804~1865)'이란 제자란다.
추사 김정희는 조선 말기의 대학자로, 중국 고대의 '금석문(金石文)'과 비석의 글씨를 집중적으로 연구하여 자신만의 독창적인 글씨인 '추사체'를 만든 우리나라의 대표적인 서예가란다. 이런 추사가 말년에 정적(政敵)들의 모함을 받아 절해고도(絶海孤島) 제주에서 9년여 간 귀양살이를 했는데, 이 시절에 제자였던 이상적이 꾸준하게 자신을 챙겨주는 것

◆김정희_ 조선 후기의 서화가 · 문인 · 금석학자. 학문에서 실사구시를 주장하였으며, 서예에서 독특한 추사체를 대성시켰고, 특히 예서 · 행서에 새경지를 이룩했다.

◆금석문_ 금속이나 돌로 만든 각종 유물에 있는 명문. 금석문은 그 출처나 전해 내려오는 사정이 분명한 것일수록 가치가 크며, 고대사의 해명이나 문헌상의 잘못을 바로 잡아주는 데 기여한다.

을 보고, 그게 너무 고마워서 제자를 소나무나 잣나무에 비유한 그림을 한 폭 그리고, 그 옆에 그림을 그리게 된 연유(緣由)를 글로 써서 이상적에게 보내주었단다. 이 그림이 오늘 감상할 아래의 '세한도(歲寒圖)'란다.

참 치 미술 시간에 '세한도'를 감상했는데, 선생님께서는 세한도를 설명하시면서 아주 잘 그려진 그림이라고 하셨어요. 그런데 저는 세한도를 왜 최고라고 하는지 모르겠어요. 저도 저

세한도(국보 180호)_ 김정희, 조선 19세기, 종이에 수묵, 108.3cm×23.3cm, 개인 소장. 지극히 절제된 화면에 지조를 잃지 않으려는 선비의 고졸한 정신세계가 잘 표현되어 있다. 조선 후기 대표적인 문인화로 평가되고 있다.

정도는 그릴 것 같은데…….

장콩선생 다들 그렇게 생각한단다. 그럼에도 불구하고 이 그림이 높이 평가받는 이유는 이 그림의 진정한 아름다움이 눈으로 보여지는 데 있는 것이 아니라, 그림 속에 흐르는 구구절절한 이야기에 있기 때문이란다. 세한도 같은 그림을 '문인화(文人畫)' 라고 하는데, 문인화는 학자나 시인들이 심신수양의 한 방편으로 그린 그림을 말한단다. 조선시대 양반들은 풍류 생

활을 즐겨 취미 활동으로 그림 그리는 것을 곧잘 좋아했단다. 그러나 그것에 완전히 몰두하는 것은 지극히 경계하면서, 그림·음악과 같은 예술 행위를 잡기(雜技)라고 해서 천시했단다. 그래서 때에 따라 취미 생활로 그림을 그리기는 했어도 전문적으로 그림을 그리지는 않았단다.

재미있는 일화를 하나 소개해주마.

겸재 정선의 후배로 친구처럼 지냈던 문인 관아재 조영석이 있단다. 조영석 알지? 조영석도 그림의 대가인데, 특히 인물화에 능했단다. 그래서 영조는 아버지인 숙종의 초상화를 제작하면서 관아재에게 부탁을 했단다.

일반적으로 왕이 직접 부탁을 하면 거절하지 않는 것이 신하의 도리인데, 관아재는 초상화를 그릴 것을 명하는 영조의 얼굴 앞에서 단호하게 그릴 수 없다고 말해버렸단다. 어찌 보면 죽어 마땅한 일이지. 이에 영조가 그 이유를 물으니 조영석이 대답하기를,

"신이 비록 하찮은 말단 관직에 있지만, 임금을 섬기는 의리는 대강 알고 있습니다. 따라서 은혜에 보답하는 도리에 있어서 목숨을 바쳐 임금의 은혜에 보답하는 것은 당연한 것이거늘, 어찌 임금의 명을 받들지 않을 수 있겠습니까? 그러나 『예기(禮記)』 왕제(王制)에 이르기를, '무릇 잡다한 기술을 가지

◆『예기』_ 중국 고대 유가의 경전. 49편. 오경(五經)의 하나로, 『주례(周禮)』, 『의례(儀禮)』와 함께 삼례(三禮)라고 한다. 『의례』가 예의 경문이라면 『예기』는 그 설명서에 해당한다.

고 위를 섬기는 사람은 선비의 반열에 들 수 없다.'고 했습니다. 신이 비록 용렬하고 비루하기 그지없습니다만, 어찌 잡기를 가지고 위를 섬길 수 있겠습니까? 국가에서 신하를 부리는 방도에 있어서는 각기 마땅한 것이 있는 것으로 도화서를 설치한 것은 장차 이런 일에 쓰기 위한 것이니, 하찮은 신에게 그림 그리게 명한 것을 물리쳐주소서."

했단다. 그러면서 관아재는 끝내 붓을 들지 않았단다.

이때의 심정을 관아재는 후에 이렇게 글로 남겨 놓았단다.

"어린 시절 그림을 배운 것은 천성이 그림을 매우 좋아하는 버릇이 있었던 것에 불과했고, 중년에는 질병으로 마음 실을 곳이 없을 때 간혹 시험 삼아 붓을 잡고 한가로움을 푸는 일로 삼았던 것인데, 드디어 이로써 노년에 몸을 해치게 되니 후회한들 어찌 하리요."

늘보거북 임금의 명령을 거절했는데도, 관아재는 벌을 받지 않았나요?

장콩선생 물론이란다. 오히려 승진을 했단다. 많은 신하들이 죄주기를 간청했으나, 영조는 '선비의 기질'을 아는 왕이었기에 처벌하지 않고 그 기개를 높이 사서 벼슬을 자꾸 높여줬단다.

조선 선비들의 그림관이 이러했기에, 문인들의 그림에는 품격이 있어야 하는 것을 당연시 했고, 좋은 그림은 '작품 속에 그

설중방우도_ 조영석, 조선, 종이에 담채, 115cm×57cm, 개인 소장. 조선의 양반들은 취미 활동 혹은 심신수양의 한 방편으로 그림을 그리기도 했다. 그는 이 작품에서 기존의 중국 인물을 본뜨지 않고 조선 선비의 모습을 정확하게 묘사하였다.

것을 그린 사람의 정신세계'가 녹아 있는 그런 그림이었단다. 그런데 이러한 선비들의 사고관에 가장 잘 어울리는 그림이 바로 세한도란다. 세한도를 그릴 때 추사는 제주도에서 오랜 귀양살이에 시달리고 있었단다. 그런 추사가 멋을 부린다고 화려하게 그림을 그렸다면, 어찌 되었겠니. 아무래도 맞지 않겠지. 당시 추사가 처한 상황은 외롭고 쓸쓸하고 그러면서도 자존심은 살아 있는 그런 상태였단다. 이런 추사의 당시 삶을 세한도는 잘 나타내면서 제자인 이상적에게 하고픈 이야기를 다 하고 있기 때문에 '문인화의 최고봉'으로 여긴단다. 그리고 바로 이런 것들이 후세 사람들이 세한도를 오래오래 기억하고 칭송하는 이유란다.

참　치　아, 그렇군요. 미처 몰랐던 것을 오늘 알게 되어서 기뻐요. 그럼 이제부터는 그림 해설을 해주세요.

장콩선생　세한도는 추사가 58세이던 1844년에 제주도에서 힘든 유배 생활을 하는 도중 그렸단다. 그러다보니 화면이 지극히 절제되고 생략되어 있으며, 그러면서도 지조를 잃지 않으려는 선비의 고졸(高拙)한 정신세계를 엿볼 수 있는 그림이란다. 스산한 겨울 분위기 속에 처량하게 서 있는 나무 몇 그루와 단출한 집을 갈필(渴筆)을 사용하여 그려서, 추사 자신의 불

◆갈필_ 붓에 먹물을 거의 묻히지 아니하고 글씨를 쓰거나 그림을 그리는 일. 이와 반대되는 것을 윤필이라 한다. 중국 남종화는 갈필을 북종화는 윤필을 위주로 하였다.

우한 처지를 나타냄과 동시에 그런 그를 잊지 않고 마음써주는 제자 이상적의 인간적 의리를 겨울 소나무나 잣나무의 푸름에 비유하여 나타낸 그림이란다.

그림의 오른쪽 윗부분에 추운 시절에 그린 그림이라는 뜻을 가진 '세한도'라는 그림 제목이 추사체로 쓰여 있고, 그 옆에 예서체로 "우선시상(藕船是賞), 완당(阮堂)"이라고 쓰여 있는데, 이를 해석하면, '우선이의 옳음을 찬양하며, 완당이' 정도로 해석할 수 있단다. 완당은 김정희가 '추사' 만큼 즐겨 쓰던 호(號)란다.

세한도 옆에는 그림을 그리게 된 연유를 구구절절하게 써 놨는데, 글의 내용 중 일부만 살펴보면 이렇단다.

지난해에 내가 보고 싶은 책을 부쳐왔고, 금년에도 역시 그러했으니, 이는 쉽게 할 수 있는 일이 아니다. 또한 보내준 책이 모두 세상에 흔히 있는 것이 아니고, 머나먼 천만리 밖, 북경에서 구입한 것이며, 여러 해를 걸려서 얻은 것이다.

더구나 세상은 파도가 들고나는 것처럼, 권력이 있으면 따라 붙고, 권력이 없으면 떨어지는 것이 일반적인데, 오랜 시간을 투자하여 얻은 것을 권력가에게 주지 않고, 멀리 귀양 와 있는 초

세한도 편지 부분_ 세한도는 그림 옆에 그림을 그리게 된 연유를 써 놓은 글을 함께 붙여 놓았는데 제자 이상적에 대한 고마운 마음에서 세한도를 그렸음을 알 수 있다.

훼한 늙은이에게 보내주니, 이는 세상 사람들의 일반적인 행태와는 다른 것이다.

강태공이 이르기를 "권력으로 인기를 모은 자는 권력이 떨어지면 오는 사람이 없어진다."라고 하였는데, 자네도 역시 이 세상 사람으로 권력을 추구하고자 하는 마음이 분명 있을진대, 권력자를 좇지 않고 힘없는 나를 좇는단 말인가. 강태공의 말이 잘못된 것인가?
공자께서 말씀하시기를 "추운 겨울이 온 연후에야 소나무나 잣나무의 푸름을 알게 된다."고 하였는데, 자네가 꼭 겨울 소나무나 잣나무와 비슷하니, 이 아니 성인에게 칭찬을 받을 만한 것이 아니겠는가?

이 글을 보건대 추사는 끈 떨어진 뒤웅박처럼 권력에서 멀어져 유배생활을 하고 있는 자신을 잊지 않고 생각해주는 제자 이상적의 마음씀씀이가 너무 고마워서 이상적의 지조와 의리를 찬양하는 마음을 세한도에 담았다는 것을 알 수 있단다.

늘보거북 스승인 추사에게 끝까지 의리를 지킨 이상적은 어떤 사람이었나요.

장콩선생 이상적은 서얼 출신으로 통역관임과 동시에 시를 잘 지었던 문장가란다. 그는 사신을 따라 중국을 자주 들락거렸는데, 다른 사람의 눈을 의식하지 않고 추사에게 필요하다고 생각되는 책이 있으면 구입해서 제주도로 보냈단다.

참   치 아빠, 갑자기 생각난 것인데요. 왜 아빠는 '그림을 본다' 라 하지 않고 '읽는다' 고 하세요. 책은 '읽는다' 고 해야 하지만, 그림은 '본다' 라고 해야 맞지 않나요.

장콩선생 서양화는 본다고 하는 게 맞을지 모르지만, 동양화는 읽는다

고 해야 더 적격이란다. 추사로부터 세한도를 받은 이상적도
스승께 올리는 편지에서 "세한도 한 폭을 엎드려 '읽음'에
눈물이 저절로 흘러내리는 것을 깨닫지 못하였습니다."라고
쓰고 있단다.

'그림을 본다' 라고 했을 때는 겉으로 드러난 조형미를 감상
한다는 뜻이 강한 데 비하여, '읽는다'로 했을 때는 그림 속
에 들어가 그린 이와 동일체(同一體)가 되어 함께 그림을 그
리는 것이 된단다. 따라서 그린 이의 정신세계까지 엿보려면
본다는 감상만으로는 안 되고, 그림을 읽어야 한단다.

이러한 감상법은 특히 문인화에서는 필수적이란다. 이것을
좀 더 간명(簡明)하게 표현하면, '옛 그림은 옛 사람의 눈으로

보아야 하고, 옛 사람의 마음으로 읽어야' 올바른 감상을 할
수 있다는 것이지.

또한 동양의 그림은 서양 그림과 감상하는 방법도 틀려야 한
단다. 우리는 서양식 가로쓰기 방식에 익숙해져서 어떤 그림
을 보든지 왼쪽을 먼저 보고 오른쪽으로 시선을 준단다. 그러
나 우리의 조상들은 위에서 아래로, 오른쪽에서 왼쪽으로 글
씨를 쓰고 그림을 그렸기에, 그림을 볼 때도 오른쪽 위에서 왼
쪽 아래로 눈을 주면서 보아야 그림을 제대로 이해할 수 있단
다. 단 한 작품, '몽유도원도' 만은 예외란다. 그 이유는 안견
은 몽유도원도의 중심이 '도원(桃園)' 에 있다고 봤기 때문에
도원을 첫머리에 해당하는 오른쪽 윗부분에 두었단다. 따라
서 안평대군이 꾼 꿈의 흐름대로 그림을 읽으려면, 왼쪽 아래
에서 보기 시작하여 오른쪽 위의 도원으로 올라가야 한단다.

참   치 옛 사람의 마음이 되어 감상한다는 것이 쉽지만은 않겠는데
요. 동양화를 전공하여 그림을 많이 접한 사람이라면 모를까,
어떻게 그림 속으로 들어가서 그 사람의 입장이 되어 그림을
감상하겠어요.

장콩선생 나 또한 그림 전공자가 아니기에 여기에 대한 답변을 하기가

곤란하구나. 다행히 옛 그림 읽기를 꾸준히 했던 오주석 선생
이 정리해 놓은 것이 있으니 참조하렴.

오주석 선생은 옛날 그림을 재미있게 감상하려면 다음과 같
이 하면 된다고 했단다.

첫째, 좋은 작품을 무조건 많이 자주 보라.

둘째, 작품 내용을 의식하면서 자세히 뜯어보라.

셋째, 오래 두고 보면서 작품의 됨됨이를 생각하라.

넷째, 그림이 그려질 당시의 역사나 문화를 살펴보고, 그 속
에서 그림을 이해하라.

참　치　오주석 선생님이 제시하는 감상법대로 하기가 쉽진 않겠지
만, 저도 그렇게 하려고 노력해봐야겠어요. 그래서 아빠 정도
의 그림 읽기는 할 수 있도록 해야 되겠어요.

장콩선생　아빠도 그림 읽기 실력이 대단한 건 아니란다. 그저 역사를 전
공했기에 다른 사람보다 옛 그림을 많이 접해보았으며, 접하
는 과정에서 그림 속의 의미를 아빠 나름대로 주체성을 가지
고 파악하려고 했기에 아빠만의 그림 읽기가 가능해졌단다.

예를 들어 저번 시간에 우리가 감상한 김홍도의 '서당도'를
생각해보자. 지금까지 많은 그림 전문가들은 서당도를 해석

할 때 '숙제를 해오지 않은 아이가 훈장님께 매를 맞고 울고 있기에, 훈장님이 난감해하고 있는 풍경'이라고 설명한단다. 그러나 아빠는 '외우기 숙제를 제대로 해오지 않은 아이가 훈장님 앞에서 미처 외우지를 못해서 종아리를 맞기 위해 대님을 풀고 있으며, 훈장님은 화가 나서 아이를 쳐다보는 장면'으로 읽고 있단다. 아빠가 전문가와는 다르게 이런 해석을 할 수 있는 이유는 다년간 교직에 있으면서 너희들과 같은 학생들을 지속적으로 상대했기에, 아빠의 경험과 그림 속의 상황을 동일시할 수 있어서 가능하단다.

참　치　그림을 전문적으로 공부하는 분들이 해석해 놓은 것을 아빠가 뒤집는 것은 좀 그러네요. 아빠는 그림을 전문적으로 연구하는 학자가 아니잖아요.

장콩선생　그건 그렇지가 않단다. 한 분야의 연구에 매진하는 학자도 때에 따라 틀릴 수가 있단다. 예를 하나 들어보자. 참치를 전문적으로 연구하는 학자가 있다고 하자. 이 학자는 기존의 연구 성과를 토대로 지속적으로 참치를 연구해서 참치 박사가 되었단다. 그리고 지금도 참치에 대해서는 최고 전문가로 활동하고 있단다. 그런데 실제적으로 참치를 가장 잘 아는 사람은 연구실에서 이론적으로 연구하는 학자일까? 매일 바다에 나가 거센 파도와 싸우며 참치를 잡는 어부일까?

참 치 왜, 저를 가지고 예를 드세요. 질문이 참 난해하네요. 어쨌든 참치를 잘 아는 사람은 어부일 것 같네요.

장콩선생 바로 그거란다. 때에 따라 연구자는 직접 경험해보지 못한 부분이 있기에 사소한 부분을 간과하고 넘어갈 수가 있단다. 그러나 그 분야에서 계속 살아온 사람들은 자신의 경험을 전체화 할 수 있는 능력은 없어도, 자신이 경험했던 부분만큼은 정확히 말할 수 있단다.

아빠에게 있어서 김홍도의 '서당도'가 그런 경우에 속하는 것이란다. 아빠는 십수 년을 너희들 같은 학생들을 데리고 수업을 하면서 서당도의 훈장님과 같은 경우를 여러 번 맞닥뜨렸고, 그래서 훈장님의 심리상태, 매를 때리려 할 때 아이가 취하는 행동거지, 주변의 아이들의 심리상태를 어느 정도 이해할 수 있단다. 그걸 경험하고 그림을 보기에 아빠는 서당도를 보면서 직감적으로 '아하! 이 그림은 아이가 매를 맞기 직전을 그린 그림이구나' 하고 느낄 수 있었단다.

늘보거북 어느 부분에서 그런 느낌이 들어요?

서당도_ 김홍도, 「단원풍속도첩」에 수록, 조선 18세기 후반, 종이에 담채, 26.9cm×22.2cm, 국립중앙박물관 소장.

장콩선생 서당도를 다시 한번 봐볼까?

꼼꼼히 살펴야 되니, 큰 그림으로 봐보자.

훈장님 앞에서 등을 돌리고 앉아 있는 아이를 봐보렴. 왼손으로는 눈에 맺힌 눈물을 닦으며, 오른손으로는 대님을 풀고 있단다. 만약 아이가 종아리를 맞은 후라면, 이 아이의 바지는 무릎 쪽으로 올라가 있거나, 또는 두 손으로 대님을 묶고 있어야 할 것이다. 왜냐하면 한 손으로 대님의 매듭을 풀 수는 있지만, 한 손으로 묶을 수는 없단다. 그게 의심스러우면 실제 한번 해보렴. 대님이 아니라도 좋다. 기다란 끈을 내 놓고 한 손으로 매듭을 묶어보렴. 잘 묶어지지 않을 거다. 또한 매를 때린 후의 훈장님이라면 최소한 매를 들고 있든가, 상 위에 두었을 거다. 그런데 매는 처음부터 상 옆에 가지런히 있잖니?

아이가 매 맞는 것을 고소해하며 쳐다보는 주변 아이들의 풍경도 그렇다. 참치, 너희 반 교실이라 생각을 하고 상상해보렴. 선생님이 화가 나서 친구를 때리는데, 그걸 보고 웃고 있는 학생이 있을까? 아마, 없을 거다. 그런데 그림 속의 학생들은 대부분이 차마 소리 내어 웃지 못하지만, 웃음을 웃고는 있단다. 이런 상태의 표정들은 일상적으로 한 아이가 잘못을 해서 맞기 전에는 가능하지만, 맞을 때나 맞은 후에는 있을 수 없단다. 이건 다년간의 교직경험에서 우러나오는 생각이란다.

아마 훈장님은 홧김에 이 아이에게 이랬을 것이다.

"너는 그것도 못 외우냐!"

"니 대갈통은 왜 그러느냐!"

"니 대가리는 새 대가리냐!"

"느그 형은 안 그러는데, 너는 왜 그렇게 멍청하냐!"

기타 등등 갖은 인신공격을 가한 후에, 회초리를 들고 "종아리 걷어" 할 것이다. 그런데 훈장님이 하는 막말 중에 재미있는 말이 있다면 이때 아이들은 밖으로 크게 표현은 못하지만, 킥킥거리며 웃는 경우가 많단다.

어때 아빠 설명이 그럴듯하지.

참　치　예. 그래요. 교실에서 있을 수 있는 장면이네요. 그러고 보니 저런 풍경은 매를 맞기 전이나, 매를 때리려 하다가 용서할 때 생기는 것 같아요. 매를 때린 후에는 오히려 교실 분위기가 숙연해지는 것 같아요.

장콩선생　바로 그거란다. 타임머신이 탄생하지 않는 한, 우리는 그림을 그렸던 시대로 돌아갈 수 없단다. 결국 그림 속의 그림 읽기는 당시의 역사적 배경과 문화적 배경을 알고 그게 내 경험과 어우러졌을 때 가능하단다. 너무 전문가의 견해대로만 그림을 보려 하지 말고 자신의 경험을 바탕으로 해서 자신만의 그림 읽기를 하는 것이 필요하단다. 물론 그림 내용과 전혀 다른 그림 읽기를 나만의 그림 읽기라며 착각해서는 안 되겠지. 전문가의 견해를 충분히 소화한 상태에서 자신만의 그림 읽기가 되도록 노력해야 제대로 된 그림 읽기가 되겠지.

자 그럼, 다시 세한도로 돌아가자. 세한도에 대해서 더 궁금한 것은 없니?

참　치 있어요. 세한도는 일본에 있던 것을 우리나라 서예가가 되찾아왔다고 하던데, 그 말이 맞는가요?

장콩선생 그렇단다. 세한도는 일제시대 때 어떤 연유에서인지 경성제국대학(현 서울대학교의 전신)의 교수로 재직하고 있던 추사 연구가 후지즈카 지카시(藤塚鄰)의 손에 들어가게 되었단다. 후지즈카는 일본이 패망하기 직전, 자기 나라로 돌아가면서 그동안 모아온 추사의 글씨와 함께 이 그림을 가지고 갔단다. 이 사실을 안 손재형(1903~1981)이란 서예가가 직접 일본에 들어가서 후지즈카에게 사정을 하여 우리나라에 가져올 수 있었단다.

그 이야기를 손재형 씨에게 직접 들어보자구나. 선생님 나오세요. 우선 선생님에 대하여 간단히 소개를 해주시죠.

손재형 나는 호가 소전(素荃)이라고 하오. 그래서 내가 중국의 갑골 문과 고대 비문을 바탕으로 창안한 글씨를 '소전체'라고 하지. 내가 가장 자랑스럽게 생각하는 것은 두 가지요. 하나는 우리나라가 일제로부터 독립한 이후, 우리나라 붓글씨를 '서예(書藝)'로 하자고 주장하여 그렇게 쓰도록 한 것과 일본에 가 있던 추사 선생의 세한도를 국내로 들여온 일이오.

장콩선생 선생은 세한도를 어떻게 해서 국내로 가져올 수 있었나요?

손재형 후지즈카가 우리나라에 있을 때부터 나는 그에게 세한도를 양도(讓渡)해달라고 사정했소. 그런데 그는 팔려고 하지 않더군. 그러더니 1944년 일본이 전쟁에서 패망할 것 같자, 말 한마디 없이 세한도를 가지고 자기 나라로 돌아가버렸소.
나는 그때부터 내 손으로 세한도를 찾아오기로 작정했소. 아, 생각해보시오. 명색이 내가 서예가인데, 내가 존경하는 대선배의 작품이 남의 나라 땅에서 유랑생활을 하는 것을 보고만 있을 수 있겠소.
나는 배를 타고 무턱대고 일본으로 가서 후지즈카 집 앞에 있는 여관에 짐을 풀었소. 그리고는 다음날부터 아침, 저녁으로 출퇴근 시간에 맞춰서 대문 앞에 서 있다가 문안인사를 드렸소. 그 일을 일주일 정도 하니까, 후지즈카가 묻더군.

"어쩐 일로 매일 찾아오는 거요?"

그때야 내가 이야기했지.

"세한도를 양보해주십시오."

후지즈카가 일언지하에 거절하더군. 그래서 그 다음날부터 또 아침, 저녁으로 문안 인사를 드렸지. 그러기를 백일 가까이 하니 그때서야 후지즈카가 다시 입을 열더군.

"내가 눈을 감기 전에는 양도할 수 없소. 하지만 세상을 뜰 때 맏아들에게 유언을 하겠소. 그러니 이제는 돌아가시오."

그래서 내가 그랬지.

"이왕 넘겨주기로 작정하셨다면, 지금 넘겨주십시오."

후지즈카가 손사래를 치며 단호하게 거절하더군. 그러나 희망이 보이기에 이때부터는 아주 죽기 살기로 달려들었소. 한 10여 일을 문전박대하더니 다시 부르더군.

🦌진도소전미술관과 후
지즈카 지카시

"당신 열성에 내가 졌소. 가져가시오."

그래서 내가 국내로 가지고 오게 되었소.

장콩선생 대단한 일을 하셨군요. 그런데 그때 되찾아오지 않았다면 세

한도는 이 세상에 없었을지도 모른다고 하던데, 정말입니까?

손재형 그랬을 가능성이 크지. 그때는 일본이 전쟁에서 패망하기 직

전이었기에 미군 폭격기가 수시로 일본의 각 지역을 공습했

소. 그런데 나중에 들으니 후지즈카 집에 폭탄이 떨어져서 그

곳에 있던 추사 선생의 유품들이 상당 부분 소실되었다고 합

니다. 만약 그때 내가 세한도를 찾아오지 않았다면, 세한도는

불에 타버렸을 수도 있었을 거요.

장콩선생 선생의 말씀 잘 들었습니다. 세한도가 보존되는 데는 선생의

공이 지대했군요. 세한도를 진품(眞品)으로 볼 수 있게 해주

셔서 정말 고맙습니다. 안녕히 가십시오.

이렇게 해서 국내에 들어오게 된 세한도는 현재 국보 제180

호로 지정되어 있단다. 후일담이지만, 2006년 초에 후지즈카

의 아들이 아버지가 추사를 연구하면서 모아 놓은 유품과 사

료들을 전부 우리나라로 가져와서 경기도 과천시에 기증하였

단다. 과천은 추사가 말년에 머무른 곳으로 과천시는 이번에
기증받은 유품들을 모아서 추사 전시관을 개설한다는구나.

세한도를 마지막으로 이제 그림 이야기는 마치고, 다음 시간
부터는 우리 선인네들이 남긴 도자기와 금속공예품을 가지고
맛깔스런 문화 요리를 계속 만들어 가자구나.

참　치 그림 읽기도 좋았지만, 다음 시간부터 도자기 공부를 한다니
더 기대가 되는데요. 제가 고려청자를 엄청 좋아하거든요.

늘보거북 저도 청자를 좋아해요. 학교에서 선생님이 그러시는데, 고려
청자는 우리나라가 세계에 으뜸이라고 자랑할 수 있는 예술
품 중의 하나라고 했어요.

장콩선생 그래. 그럼 다음 시간부터는 빼어난 손재간을 지닌 우리 선인
들이 만든 도자기와 금속공예품을 가지고 우리 문화 읽기를
계속 진행하자구나.

(「옛 도자기 · 금속공예편」에 계속됩니다.)

나는야!
역사탐정

 미션 명 ⬦ **그림 속에 담긴 의미를 찾아라**

아래 그림은 19세기 전반기에 추사 김정희가 그린 세한도입니다.

다음의 질문에 답하시오.

① 세한도의 뜻은 무엇일까요?

② 그림 속에서 잣나무나 소나무가 상징하는 것은?

③ 김정희가 세한도를 그린 곳은?

④ 김정희는 세한도를 누구를 위해서 그렸나요?

▶▶▶ 정답은 231쪽에 있음.

반구대 바위그림

* 정답으로 제시된 답만 맞는 것은 아닙니다. 멧돼지, 사슴과 같은 동물 그림들
은 여러 군데서 발견할 수 있습니다. 본인이 이 그림들을 바위에 새겼다고 생
각하면서 형상(形象)들의 이름을 맞혀 보세요.

무용총의 수렵도

① 현무   ② 백호   ③ 주작   ④ 청룡

천마총의 천마도

천마총

① 금관   ② 허리띠   ③ 금제나비형관식   ④ 금모자   ⑤ 거북등무늬 유리잔

혜허의 양류관음도

① 부처상   ② 천왕상   ③ 인왕상   ④ 보살상

공민왕의 천산대렵도

① 말 탄 사냥꾼의 머리가 변발이다.

② 얼굴 생김새가 유목민족의 얼굴을 많이 닮았다.

③ 유목민족의 고유 의상인 호복(胡服)을 입고 있다.

안견의 몽유도원도

안평대군의 꿈을 생각하며 이야기를 만들어보면 됩니다.

강희안의 고사관수도

세상일을 벗어나 자연과 벗하니 내가 곧 신선이로구나.

물속에 들어가서 헤엄이나 쳐볼까

이것 외에도 다양한 생각이 가능합니다.

김명국의 달마도

구름 따라 바람 따라 흘러흘러 왔지.

기타......

정선의 인왕제색도

실제 존재하는 것을 그렸다.(진경산수화)

김홍도의 풍속화들

김정희의 세한도

① 추운 시절에 그린 그림

② 지조 또는 의리

③ 제주도

④ 제자 이상적

글을 쓰면서 도움 받은 책들

강우방, 『미의 순례』, 예경, 2001

고구려연구재단, 『고구려 문명 기행』, 고구려연구재단, 2005

고유섭, 『구수한 큰맛』, 다홀미디어, 2005

국사편찬위원회, 『고등학교 국사 』, 교육인적자원부, 2005

국사편찬위원회, 『중학교 국사 』, 교육인적자원부, 2006

김병인 · 조상현, 『숨어 있는 문화유산 속으로』, 경인문화사, 2003

김영원 외 2인, 『박물관 밖의 문화유산 산책』, 녹두, 1998

김원룡, 『한국벽화고분』, 일지사, 1989

김원룡, 『한국의 고분』, 세종대왕기념사업회, 1999

박상진, 『역사가 새겨진 나무이야기』, 김영사, 2004

송석상 · 이강승, 『그림으로 배우는 우리의 문화유산』, 학연문화사, 2003

시공테크, 『그림과 명칭으로 보는 한국의 문화유산 1, 2』, 시공테크 ·
코리아비주얼스, 2002

안정애, 『살아 있는 국토박물관』, 심지, 1994

안휘준, 『동양의 명화 1』, 삼성출판사, 1987

안휘준, 『한국회화의 전통』, 문예출판사, 1988

야나기 무네요시, 『조선을 생각한다』, 학고재, 2002

역사학연구소, 『교실 밖 국사여행』, 사계절, 1993

역사학연구소, 『우리역사를 찾아서 1』, 심지, 1994

오주석, 『옛 그림 읽기의 즐거움 1』, 솔, 2002

오주석, 『한국의 미 특강』, 솔, 2003

오주환, 『눈높이 1㎝ 올리는 문화유산 상식 여행』, 이다미디어, 2001

요시미즈 츠네오, 『로마문화왕국, 신라』, 씨앗을 뿌리는 사람, 2002

유봉학, 『한국문화와 역사의식 』, 신구문화사, 2005

유홍준, 『화인열전 1, 2』, 역사비평사, 2001

이광표, 『국보이야기』, 작은 박물관, 2005

이덕일 · 이희근 , 『유물로 읽는 우리역사』, 세종서적, 1999

이원복, 『나는 공부하러 박물관 간다』, 효형출판, 1997

장경희 외 5인, 『한국 미술문화의 이해』, 예경, 1994

장세현, 『우리그림 진품명품』, 현암사, 2004

장콩선생, 『외우지 않아도 저절로 이해되는 우리역사 이야기』, 살림, 2005

전국역사교사모임, 『미술로 보는 우리역사』, 푸른나무, 1992

전병철, 『팔만대장경도 모르면 빨래판이다』, 내일을 여는 책, 1998

전성수 외 3인, 『함께 배우는 우리 미술』, 예경, 2003

전호태, 『고분벽화로 본 고구려이야기』, 풀빛, 1999

조상열, 『문화유산 바로보기』, 대동문화, 2005

조정육, 『꿈에 본 복숭아꽃 비바람에 떨어져』, 고래실, 2002

지순임, 『산수화의 이해』, 일지사, 1991

최순우, 『나는 내 것이 아름답다』, 학고재, 2002

최순우, 『무량수전 배흘림기둥에 기대서서』, 학고재, 1994

최순우 · 정양모, 『동양의 명화 2』, 삼성출판사, 1987

최완수, 『그림과 글씨』, 세종대왕기념사업회, 2000

최완수 외 4인, 『진경시대 1, 2』, 돌베개, 2002

최정호, 『한국의 문화유산』, 나남출판, 2004

한국교원대학교, 『초등학교 사회(6-1)』, 교육인적자원부, 2005

한국문화상징사전 편찬위원회, 『한국문화 상징사전』, 동아출판사, 1992

한영대, 『조선미의 탐구자들』, 학고재, 1997

허균, 『뜻으로 풀어본 우리의 옛 그림』, 대한교과서, 1997

허영환, 『동양미의 탐구』, 학고재, 1999

장콩선생의 박물관 속에 숨어 있는
우리 문화 이야기-옛그림편

펴낸날	초판 1쇄 2006년 7월 12일
	초판 4쇄 2018년 10월 12일

지은이	장용준
펴낸이	심만수
펴낸곳	(주)살림출판사
출판등록	1989년 11월 1일 제9-210호

주소	경기도 파주시 광인사길 30
전화	031-955-1350 팩스 031-624-1356
홈페이지	http://www.sallimbooks.com
이메일	book@sallimbooks.com

ISBN	978-89-522-0529-2 44900
	978-89-522-0528-5 44900(세트)